colección **biografías y documentos**

Repensar el trabajo

Martín Hopenhayn

Repensar el trabajo

*Historia, profusión y
perspectivas de un concepto*

Grupo Editorial Norma
*Buenos Aires Barcelona Bogotá Caracas
Guatemala México Panamá Quito San José
San Juan San Salvador Santiago*

©2001. Derechos reservados por:
Grupo Editorial Norma S. A.
San José 831 (1076) Buenos Aires
República Argentina
Empresa adherida a la Cámara Argentina del Libro
Diseño de tapa: Ariana Jenik
Fotografía de tapa: Tony Stone,
Clock being taken into store at the party.
Impreso en la Argentina por Crhear S.A.
Printed in Argentina

Primera edición: mayo de 2001
Primera reimpresión: septiembre de 2001

CC: 20581
ISBN: 987-545-018-9

Hecho el depósito que marca la ley 11.723
Libro de edición argentina

NOTA A LA PRESENTE EDICIÓN

El presente libro tuvo una primera versión en 1988, bajo el título *El trabajo: itinerario de un concepto*, publicada en Santiago de Chile por el Programa de Economía del Trabajo (PET) y el Centro de Alternativas de Desarrollo (CEPAUR). Dicha publicación, bastante restringida y de mayor circulación por vía de fotocopias que como libro, fue distribuida sobre todo entre dirigentes sindicales y en cursos de psicología del trabajo. Diez años después, y aceptando la oferta de reedición de la editorial Norma, he querido aprovechar la ocasión para revisarlo, actualizarlo e imprimirle algunos cambios que el paso del tiempo (y de mi propio tiempo) imponen. En primer lugar, he reducido la extensión de la primera parte, consagrada a una revisión que toma varios hitos en la trayectoria del concepto del trabajo en Occidente: la Grecia clásica, el judeocristianismo, el mercantilismo renacentista, el puritanismo, la Revolución Industrial y la economía política. Me parece hoy que la primera parte debe servir de base para una reflexión sobre el trabajo, pero no puede absorber el grueso de estas páginas, como ocurría en la primera versión. En segundo lugar, otorgué mayor extensión y dedicación a los aspectos vinculados con las perspectivas actuales del trabajo, y a la manera en que la Tercera Revolución Industrial obliga a replantear la centralidad del trabajo a lo largo de las revoluciones industriales precedentes y de la modernidad en general. También he querido agregar algunas reflexiones más específicas sobre la situación del trabajo en el contexto de la periferia latinoamericana. He intentado reducir el exceso de retórica y los sesgos ideológicos que yo mismo tenía hace diez años y que hoy son parte de mi batería analítica, aunque (espero) lo son en forma menos categórica. Finalmente, introduje muchas correcciones estilísticas, he sido más riguroso en evitar reiteraciones y más extenso en aquellos aspectos de la reflexión que a mi juicio (el actual) son de mayor vigencia o resultan hoy más problemáticos que hace una década. Todo esto, por último, con la intención de ampliar el rango de posibles interlocutores hacia el campo de las ciencias sociales en general y del debate sobre los inciertos designios de la modernidad.

Martín Hopenhayn, julio de 2000.

INTRODUCCIÓN

Si el hombre trabaja desde que es hombre, ¿por qué el concepto de trabajo pasa a ocupar un lugar privilegiado en el terreno de la reflexión sólo en los últimos dos siglos? Cierto: hay nociones de trabajo que se remontan a los textos bíblicos del Antiguo Testamento y a los filósofos de la Grecia clásica. Pero sólo cuando la historia del pensamiento debe someterse al rigor impuesto por la era industrial y por la racionalidad moderna, el concepto de trabajo se hace realmente crítico y se colma de nuevos contenidos. Hasta entonces, y bajo diversas perspectivas, el trabajo fue considerado un mal necesario, una actividad expiatoria o un medio para un bien posible. En esa medida, y por milenios, la reflexión intelectual le dio rango de fenómeno secundario.[1]

Una posible respuesta, y en el presente estudio la trataremos en detalle, es que *el concepto de trabajo adquie-*

1. Como lo señala Dominique Méda, "el trabajo no es una categoría antropológica, o sea, una invariante de la naturaleza humana o de las civilizaciones que siempre van acompañadas por las mismas representaciones. Estamos, por el contrario, ante una categoría radicalmente histórica, inventada en respuesta a necesidades de una época determinada". [Méda, Dominique, *El trabajo: un valor en peligro de extinción* (traducción: Francisco Ochoa Michelena), Gedisa, Barcelona, 1995, pág. 27.]

re relevancia con su negación. Esto significa que la piedra de toque a partir de la cual el trabajo penetra en distintos ámbitos de la especulación es la idea de alienación del trabajo o trabajo alienado. La conciencia de que el trabajo, condicionado por el marco social y técnico de un momento determinado de la historia, niega una supuesta esencia o un potencial de trabajo, obligaría a pensar y concebir esa esencia o potencial de trabajo como algo que trasciende a su degradación en el tiempo. Para algunos, la conclusión que de esto se deriva es concluyente: es la desnaturalización del trabajo lo que enajena al hombre y lo somete, y no el trabajo *per se*. Lo que implica que el concepto de trabajo hasta entonces vigente (el trabajo como un mal necesario, como un medio para el bien posible) era, a su vez, un concepto alienado, pues confundía el *verdadero sentido del trabajo* con la *falta de sentido* en que éste se desenvuelve bajo determinadas condiciones históricas.

Cuando decimos, pues, que el concepto de trabajo comienza por su negación, podemos referirnos a que el trabajo no ocurra como quisiéramos que ocurriera o como debería ocurrir, pero también al hecho de que no se ha entendido por trabajo lo que debería entenderse. Es esto lo que motiva a repensarlo críticamente. Sin embargo, lo "crítico" tiene también otro sentido, y no se limita a un contraste entre una mentada esencia del trabajo y la negación de esta esencia en la actividad laboral de la era industrial. El trabajo y su concepto se vuelven críticos cuando asumen sentidos y connotaciones contrapuestos, o dicho de otro modo, cuando se tornan ambiguos.

Hacia fines del siglo XVIII, el concepto de trabajo reúne una pluralidad de sentidos. El concepto cristiano inscrito en los Evangelios, el concepto calvinista, la visión antropocéntrica y la visión economicista de la economía política clásica conviven sin diluirse y estructuran un concepto preñado de ambivalencias. ¿Cómo compatibilizar el trabajo expiatorio del cristianismo con el trabajo conquistador y expansivo de los comerciantes del Renacimiento? ¿Qué hay de común y qué de antagónico entre el concepto ascético del trabajo en la doctrina calvinista y el concepto hedonista del utilitarismo moderno? Por otro lado, la modalidad del trabajo cambia sustancialmente con el advenimiento de la Revolución Industrial, y la visión que el artesano gremial tenía de su trabajo debió verse distorsionada por la nueva división del trabajo, el régimen de asalariados y la inseguridad en el empleo, rasgos que contrastaban en forma aguda con el estilo de trabajo de los gremios corporativos. De este modo, no sólo se suscitaron contrastes entre distintas nociones de trabajo, sino también entre estas nociones y los cambios efectivos y radicales en las modalidades concretas del trabajo. Un desajuste entre el concepto de trabajo y el trabajo propiamente tal debió contribuir a hacer de ese concepto un problema y, con ello, constituirlo en objeto de estudio.

Pero las ambigüedades van aun más lejos. No sólo pueden hallarse nociones contrapuestas, o contraposiciones entre un concepto tradicional de trabajo y la modernización del trabajo mismo. También hay paradojas que imprime la Revolución Industrial: por un lado, encontramos la máxima socialización del trabajo, pues nunca antes tantos hombres se habían reunido en un mismo lugar físico para participar, de manera organizada, en la confección de un producto. Pero, por otro lado, esta socialización es también su contrario, a saber, la máxima atomización del trabajo. Nunca antes la actividad laboral de cada individuo se había reducido a semejante grado de parcelamiento y especialización respecto de la configuración total del producto del trabajo. Otra ambigüedad emergió en los orígenes de la economía política forjada al calor de la industrialización, pues el propio Adam Smith, a la vez que destacó el trabajo como factor principal de producción y como motor del crecimiento económico, no vio *sino* su aspecto puramente económico, disolviéndolo en una concepción de la producción de riqueza donde el trabajo pierde toda connotación antropológica. Concebido como cosa —factor de producción—, escamotea su carácter de actividad humana.

Llegamos, así, a un escenario actual del trabajo y de sus perspectivas futuras que constituye el momento extremo en este itinerario de ambivalencias. Nunca antes el mundo del trabajo se había prestado a tantas interpretaciones contradictorias. Si consideramos a los profesionales y técnicos incorporados exitosamente a la sociedad del conocimiento y al sistema informatizado, podemos afirmar que el trabajo ha logrado su mayor nivel histórico de productividad, de uso de facultades de la inteligencia y de desafíos en el plano de la complejidad tecnológica y organizativa. Pero, al mismo tiempo, nunca como ahora se había segmentado tanto el acceso a trabajos estables y con salarios dignos. Conviven, en extraña simultaneidad, el aumento de la informalidad y precariedad laborales, y las bondades productivas de la Tercera Revolución Industrial —la de la información, la informatización y el conocimento—. La mentada flexibilización laboral promete reducción en las jornadas de trabajo, pero amenaza con inestabilidad en el empleo y merma en los ingresos. El carácter integrador de las redes informáticas en el trabajo contrasta con el carácter excluyente de los nuevos mercados laborales. La utopía, tan cara a la modernidad, de un mundo donde se trabaje cada vez menos, convive con la distopía que parece consagrar sociedades nacionales —y un orden global— que separan a los que trabajan en empleos modernos y tienen ingresos cada vez mayores *versus* los que quedaron a la vera del camino del progreso y luchan por la supervivencia y la dignidad. En el caso de América latina, la situación no podría ser más contradictoria. Conviven distintos tiempos históricos, desde la premodernidad hasta la posmodernidad. Lo que significa que el mundo del trabajo cuenta con fabricadores de *software*, en un extremo, y campesinos que utilizan su propia energía humana para mantener una mínima agricultura de supervivencia, en el otro. Dentro de esta gama, hay ocupaciones de alto uso de tecnología que emplean una proporción muy reducida de la fuerza de trabajo; mientras el sector informal de la economía, con muy bajos niveles de valor agregado e ingresos que suelen implicar situaciones endémicas de pobreza, absorbe a las masas de desempleados y en muchos países de la región asciende a la mitad o más de la población ocupada.

La brecha salarial en la periferia latinoamericana es mayor que en cualquier otra región del mundo, y a la vez encontramos brechas enormes en el discurso acerca del trabajo. En un extremo, los apocalípticos ven una región en que se suman todos los males acumulados del pasado y del presente: insuficiencia dinámica del sistema productivo para incorporar a las grandes masas de jóvenes que entran a competir en el mercado laboral; nuevas exclusiones generadas por la diseminación lenta, pero real, de la Tercera Revolución Industrial; persistencia viscosa de altísimas tasas de subempleo e informalidad; formas de flexibilización laboral que atomizan las organizaciones de trabajadores y tornan más precario el empleo; y brecha insalvable entre la esfera de la educación formal (a la que todos acceden en su nivel primario) y la esfera del trabajo. En el otro extremo, los modernos entusiastas proclaman el advenimiento de nuevas formas de gestión, más flexibles y humanas, que permiten que el trabajo se reorganice de modo más horizontal y participativo; y saludan con entusiasmo a los nuevos "sabios" de la filosofía empresarial y sus ideas sobre innovación productiva, creatividad en la empresa y mayor personalización en las relaciones humanas dentro de las unidades productivas.

Semejantes ambivalencias han llevado, sin duda, a la reflexión social a considerar y redefinir el trabajo. En un primer momento dijimos que el trabajo comienza a pensarse con profundidad a partir de su negación, o sea, a partir del concepto de alienación del trabajo. Cabría agregar que este concepto de alienación, a su vez, debe buena parte de su desarrollo (explícita o implícitamente) al esfuerzo por comprender y superar las ambivalencias señaladas. Es sobre esta idea capital donde reposa el grueso del estudio que aquí comienza. No aspiro a una articulación totalizadora ni a un nuevo concepto del trabajo, sino más bien a delimitar y reformular algunas preguntas que tocan lo esencial respecto del concepto de trabajo en la actualidad. Si nos volcamos tanto hacia el pasado como hacia el futuro, lo hacemos con la única pretensión de arrojar mayor luz sobre el confuso territorio en que se desplaza la reflexión sobre el trabajo hoy día. Y si el lector encuentra en estas páginas un énfasis reiterado en enfoques humanistas, ello no obedece tanto a una toma de partido explícita por parte del autor, como al hecho de que son éstos los enfoques que más han destacado la centralidad del trabajo en la vida humana.

Decía antes que la idea de trabajo alienado es parte indisociable del humanismo moderno y de la crítica humanista al capitalismo industrial. El concepto mismo de trabajo alienado le ha permitido a dicha crítica situar el trabajo como objeto privilegiado en la reflexión social. Según la interpretación humanista, este concepto tiene un carácter negativo en la sociedad contemporánea, en tres sentidos: a) porque promueve la crítica de la base misma de dicha sociedad, a saber, el modo en que organiza su propia producción y reproducción: trabajo alienado supondría una sociedad marcada por el signo de la alienación; b) en un sentido dialéctico, en cuanto tematiza el trabajo al identificarlo como problema: a partir de ese momento, es preciso hablar sobre el trabajo, pensarlo, reformularlo en la teoría; c) en sentido movilizador: si el trabajo es alienado, y constituye la base de las relaciones sociales, entonces del concepto se deduce la necesidad de un cambio en los hechos, una transformación estructural de la sociedad que se haga cargo de la crítica humanista y la traduzca a nuevos modelos de organización social.

En la actualidad, este concepto de alienación del trabajo se discute y cuestiona. Por un lado, la reflexión posmoderna objeta la noción misma de alienación, argumentando que ella supone una visión esencialista del sujeto (donde la alienación es la pérdida de una supuesta esencia inherente a la subjetividad); además, los paladines de la posmodernidad arguyen que todo el andamiaje teórico tras la denuncia del trabajo alienado forma parte de una era industrial y una visión de la historia rebasadas por la nueva era de la información, del "fin del sujeto" y de la globalización económica y cultural. Por otro lado, el pensamiento crítico se ha ido desplazando desde la denuncia del trabajo alienado a la defensa del trabajo en un mundo donde cada vez faltan más puestos de trabajo. Si hace escasas dos o tres décadas un empleo fabril podía ser todavía el ejemplo más citado de trabajo alienado, hoy el pensamiento crítico parece reivindicar los trabajos estables en las fábricas frente a las crecientes amenazas de desempleo tecnológico. Casi sin darnos cuenta, hemos pasado de criticar el trabajo moderno a reivindicarlo frente a las incertidumbres de la emergente flexibilización laboral. Finalmente, muchos críticos que hace poco atribuían al individualismo moderno la responsabilidad por los males de la sociedad capitalista, hoy reivindican con especial fuerza los dones del trabajo individualizado como manera de superar la alienación y devenir más creativos en la esfera de la producción. La sociedad del conocimiento aparece, en su dimensión de apertura comunicacional y sus nuevas formas de uso de la inteligencia, como un posible relevo de las utopías colectivistas que ocuparon buena parte del imaginario político del siglo XX. Los futurólogos, como veremos en el último capítulo, tienden con facilidad a sustituir el discurso del trabajo alienado y su "redención comunitaria", por un discurso que proclama el trabajo en la sociedad del conocimiento como forma encarnada del "reino de la libertad y de la creatividad".

Este texto se propone abordar dos objetivos que a primera vista difieren marcadamente entre sí. Quisiera presentar, por un lado, una historia del concepto del trabajo y detenerme en algunos de los hitos que en Occidente modificaron y enriquecieron el concepto en cuestión. Por otro lado, intento definir el trabajo desde una perspectiva multidisciplinaria y actual, abordándolo de manera simultánea desde la filosofía, la psicología, la sociología, la teología y la economía. Tal esfuerzo está destinado a integrar ambos acercamientos al problema, para lo cual se presenta el segundo *bajo la forma del primero*. En otras palabras, mi intención es remitir el enfoque interdisciplinario del concepto de trabajo a su génesis en la historia, mostrando cómo y por qué se configuran en la actualidad varios enfoques: uno, desde la economía política; otro, administrativo; otro, psicosociológico; otro, más especulativo y, finalmente, toda una futurología respecto del trabajo.

Una vez más, es el concepto *negativo* del trabajo el telón de fondo sobre el cual desfilan estos diversos enfoques. La perspectiva filosófica de la alienación forjada por Hegel y la perspectiva histórico-económica desarrollada poco después por Marx, constituyen el material que más tarde las diversas ciencias sociales habrán de retomar, modificar, rebatir y matizar desde la sociología clásica hasta la futurología en boga. De allí que la perspectiva interdisciplinaria sea, también, histórica. Por otra parte, la reflexión en torno del trabajo que ofrecen las ciencias sociales (con la filosofía en un extremo y la economía del trabajo en el otro) es inseparable de determinadas condiciones históricas. Es la situación del trabajo en el capitalismo industrial lo que sirve de marco indispensable al concepto marxista de alienación del trabajo y a las elaboraciones que más tarde propusieron los pensadores del trabajo. Fenómenos que hicieron su aparición en el escenario de la historia después de Hegel y Marx, como son la burocracia y la tecnocracia institucionalizada, los ensayos de sociedades socialistas (donde la alienación del trabajo no parece superada) y la revolución de la cibernética, han forzado a cientistas sociales a adaptar la perspectiva frente al problema. La perspectiva multidisciplinaria ya mencionada no puede, entonces, considerarse soslayando la evolución histórica del trabajo, sino desde esa misma evolución.

La cronología del concepto de trabajo, que constituye el primer objetivo de este ensayo, exige el estudio de

Martín Hopenhayn

la génesis y el desarrollo de dicho concepto a la luz de sus condiciones históricas. Estas condiciones, sean materiales o culturales, ayudan a explicar cómo surgen las disquisiciones en torno del trabajo en diferentes momentos y sociedades. Recíprocamente, los cambios en las ideas respecto del trabajo humano contribuyen a precipitar dinámicas históricas, sobre todo en el campo de la productividad del trabajo, el desarrollo tecnológico y el carácter de los conflictos sociales. No olvidemos que las ideas también son historia y que, por lo mismo, no sólo reflejan la vida social, sino que además la modifican. De modo que la historia del concepto de trabajo que se presenta a continuación busca ligarlo a la historia y las condiciones del trabajo.

Es parte del presente esfuerzo recoger de distintas culturas y momentos de la historia, desde la Grecia clásica hasta los orígenes del capitalismo industrial, las referencias que permiten deducir el concepto de trabajo, si no explícito, al menos latente en otros tiempos. Sólo a la luz de esta disquisición previa se hará más claro, en términos de continuidad y ruptura de la historia del pensamiento, el empuje intelectual que cobra la reflexión en torno del trabajo durante el siglo pasado, y cómo se abre en un amplio prisma de enfoques.

El segundo objetivo, como ya se ha señalado, es suscitar una perspectiva multidisciplinaria ante el concepto de trabajo sobre la base de la noción de trabajo alienado, que nuclea ámbitos propios de la economía política, la administración del trabajo, la teoría organizacional, la psicosociología del trabajo, la especulación filosófica (incluida la Doctrina Social de la Iglesia) y la futurología. El desarrollo de la sociedad industrial y sus derivaciones, con sus paradojas, conquistas y contrastes, ha sido un poderoso detonante que hasta hoy impulsa la interacción crítica de cientistas sociales provenientes de distintos continentes de la investigación. Mi interés es, en esta confluencia de puntos de vista, detectar valores, motivaciones y hábitos intelectuales con los que puede haber coincidencias o bien disensos. Al tratarse del problema del trabajo, es su carácter crítico en la sociedad moderna o en vías de modernización (mecanizada, automatizada o estructuralmente heterogénea, de producción fabril o de información, desregulada o protegida) el sustrato común que mueve a la reflexión en las distintas ramas de las ciencias sociales. De allí la insistencia en el aspecto crítico del trabajo y de su concepto como punto de partida para una perspectiva multidisciplinaria.

La investigación que aquí se presenta no pretende hacer pensar que la historia ofrece distintos conceptos de trabajo que se suceden linealmente en el tiempo. Lo cierto es que el concepto de trabajo no ha sido homogéneo en el interior de cada período, y la coexistencia de grupos sociales y/o culturales diferenciados, en distintos momentos y bajo diversas estructuras societales, ha generado visiones contrapuestas. A esta falta de uniformidad debemos agregar el hecho de que los conceptos no se han ido reemplazando entre sí, sino que sobreviven, en mayor o menor medida, como sedimento cultural en nuestra actual cosmovisión y en nuestra sensibilidad frente a lo laboral. Queda en nosotros algo del concepto platónico-cristiano, del calvinista, del comunitarista, del economicista y de la aproximación sociológica del trabajo. Como ya se señaló, nunca el concepto ha sido tan ambiguo como ahora y, por lo mismo, nunca ha sido un fenómeno que merezca tanta consideración por parte de la reflexión social como ocurre en la actualidad. Lo cierto es que coexisten en el pensamiento contemporáneo posturas diversas: la cosificación del trabajo humano, la reacción crítica que llama a humanizarlo y las posibilidades tecnológicas y organizativas que hacen posible tanto lo uno como lo otro. Entre esas tesituras antagónicas la reflexión ha dado, como veremos, múltiples respuestas.

PRIMERA PARTE:
HISTORIA DE UN CONCEPTO

I | *Trabajo y ocio en la Grecia clásica*

Una democracia con esclavos

En una cultura que asombra por el desarrollo de la reflexión intelectual, como fue la de la Grecia clásica, no ha de extrañar la pobreza de su reflexión sobre el trabajo. La base material de la *polis* griega fue el esclavismo, pilar sobre el cual aseguró su permanencia y dio a sus ciudadanos las posibilidades de desarrollo personal que puede ofrecer una sociedad privilegiada: tiempo de ocio, desarrollo de una cultura intelectual y física, y un régimen democrático que, restringido a los ciudadanos, se convirtió en emblema para la historia de Occidente. En un modelo de sociedad así, la fuerza de trabajo no es un tema digno de reflexión: los esclavos, esclavos son. Los pensadores griegos desvalorizaban el trabajo manual, porque lo asociaban con los esclavos, en contraste con la alta valoración del trabajo intelectual —exaltado por Platón y por Aristóteles—, que de una u otra forma subsiste a lo largo de la historia occidental. Conviene señalar, sin embargo, que para los griegos el trabajo sólo era trabajo manual. La actividad intelectual era considerada patrimo-

29

nio del ocio; por lo que su valor residía justamente en el desinterés con que se llevaba a cabo, por el más puro amor al conocimiento. Para Platón, cuanto más desligado estuviera el hombre de los apremios provocados por las necesidades básicas y cuanto mayor fuese su autonomía respecto de las exigencias materiales, mejor sería su disposición para esa sublime actividad contemplativa.

Pero antes de buscar en los pensadores helénicos testimonios sobre el concepto de trabajo, conviene hacer un seguimiento del contexto productivo y socioeconómico de la *polis* griega. George Thompson y Alfred Sohn-Rethel[1] ligan el surgimiento de la producción de mercancías en Grecia con el de la filosofía griega. Si aceptamos el principio materialista de que el pensamiento filosófico surge en el marco de determinadas condiciones históricas, habría que reconocer que en Grecia surge *contra* el sistema mercantil más que *con* él. En efecto, los filósofos griegos de mayor envergadura aparecen cuando la aristocracia de terratenientes se ve amenazada por las clases mercantiles en auge, situación que se ve complicada con la existencia de una masa de esclavos, campesinos y artesanos empobrecidos. Y "no sólo la nueva clase comercial llegó a entrar en conflicto con la aristocracia terrateniente, sino que la dependencia cada vez mayor de la agricultura respecto de los mercados de exportación y el creciente poder del dinero, condujeron al mismo empobrecimiento y a la misma esclavización gradual de los campesinos libres que había indignado a los Profetas del Antiguo Testamento".[2]

1. Thompson, George, *The first philosophers*, Lawrence y Wishart, Londres, 1955, citado por Sohn-Rethel, Alfred, *Intelectual and manual labour*, Critical Social Studies, Londres, 1978, pág. 95.

2. Roll, Eric, *Historia de las doctrinas económicas* (traducción: F. M. Torner), Fondo de Cultura Económica, 1973, pág. 23.

Como lo señala Melvin Knight,[3] el paso de la Grecia arcaica a la Grecia clásica ocurre con la expansión helénica en el Mediterráneo, cuando la economía rural descrita en los poemas homéricos y hesiódicos se transforma en una sociedad donde la actividad comercial e industrial se vuelve preponderante. La carencia de materias primas y de suficiente producción agrícola se vio sanada o compensada en la ciudad griega por el comercio interurbano e internacional: "La industria, al suministrar al comercio el elemento de cambio indispensable, se convierte así en una necesidad imperiosa de su estructura".[4] El desarrollo de la industria exige, a su vez, el de los oficios y de su especialización, lo cual redunda en una sofisticada división del trabajo que tanto Platón como Aristóteles exaltaron como necesaria y positiva.

De modo que la reflexión sobre el trabajo en la Grecia clásica tiene como marco referencial tres fenómenos relevantes: la crisis de la aristocracia terrateniente ante el empuje del comercio y la industria; la progresiva división del trabajo, motivada tanto por el desarrollo técnico (el uso del hierro) como por la estructura productiva de la *polis* (la necesidad de una infraestructura apropiada para el intercambio comercial); la mano de obra esclava o conformada por artesanos cuyo nivel de vida y estatus social eran muy bajos.

La creciente división del trabajo y el desarrollo productivo harían suponer que el trabajo se convirtió en objeto de reflexión. Pero el hecho de ser los esclavos quienes componían, en su gran parte, el contingente laboral, redujo el trabajo a una mera función productiva. El esclavo, en efecto, era sólo eso: fuerza de trabajo. Como tal, carecía de

---

3. Citado por Lagos Matus, Gustavo, *El problema histórico del trabajo*, Editorial Jurídica de Chile, Santiago, 1950, págs. 17-8.

4. Ibídem, pág. 18.

personalidad y pertenecía a su amo, como una cosa entre tantas. Como *objeto* de propiedad, escapó del pensamiento antropológico que dominó la filosofía sofística y socrática.

El ideal autárquico y la desvalorización del trabajo

Desde Sócrates, la autarquía se impuso como valor ético supremo: todo aquel que trabaja está sujeto a la materia que lo somete y a otros hombres para quienes trabaje y, en esa medida, su existencia es heterónoma y depreciada en su valor. Así, la valoración peyorativa que nació del desprecio por los esclavos se extendió a toda la fuerza de trabajo empleada en tareas manuales: quien brega con la naturaleza para vencer, mediante su trabajo, las resistencias que un material le impone, y en esa lucha debe renunciar a la pura contemplación, y se "extravía" en los afanes de su cuerpo y en los imperativos de su supervivencia, se ve impedido de llevar una vida libre y de poseer un conocimiento verdadero de la realidad.

Este ideal autárquico pregonado por Sócrates y desarrollado por la filosofía platónica es consecuente con la posición política y económica de la aristocracia terrateniente de la cual Platón formaba parte. De todas formas, Platón no vincula (por lo menos de manera expresa) este ideal ético con un ideal económico, sino con un *modus vivendi* en un sentido más general: "El hombre que ha puesto sólo en sí mismo todo lo que lleve a la felicidad o próximo a ella y no permanece dependiente de la condición de los demás, de manera que su situación sea obligada a oscilar según la buena o mala situación de aquéllos, éste se halla preparado para la vida óptima; éste es sabio, valeroso y prudente".[5]

---

5. Platón, *Menexeno*, XX, 48, citado por Mondolfo, Rodolfo, *El pensamiento antiguo*, vol. I, Losada, Buenos Aires, 7ª ed., pág. 163.

El ideal plátónico, en apariencia desvinculado de los vaivenes políticos y económicos de la época, podría sin embargo traducirse en los hechos en la no participación política de esclavos, comerciantes y artesanos en la *polis*. En efecto, unos y otros dependen de las condiciones materiales en las que producen e intercambian mercancías y, por lo mismo, distan mucho del ideal autárquico. Sólo quien es capaz de gobernarse a sí mismo, sostiene Platón, está en condiciones de gobernar a los demás. Por ende, quien consagra su vida al trabajo, a la práctica "mundana", depende más de los otros que de sí. Quienes, liberados del yugo del trabajo, pueden dedicar sus energías vitales a las "nobles labores del espíritu", a la contemplación de la filosofía y a la ciencia, saben, –sigue la argumentación de Platón–, discernir el bien del mal, lo justo de lo injusto, lo verdadero de lo falso. La filosofía platónica, al menos en su dimensión política, justifica, mediante un rodeo de la razón, el gobierno de los aristócratas. En su diálogo *El político*, esto se hace evidente: "Aquellos que se poseen por medio de la compra, y a los que se les puede llamar sin ninguna discusión esclavos, no participan en absoluto del arte regia [...]. Y todos los que, entre los libres, se dedican espontáneamente a actividades serviles como los anteriormente citados, transportando e intercambiando productos de la agricultura y de las otras artes; quienes, en los mercados, yendo de ciudad en ciudad por mar y tierra, cambiando dinero por otras cosas o por dinero, los que llamamos banqueros, comerciantes, marineros y revendedores, ¿podrán acaso, reivindicar para ellos algo de la ciencia política? Pero también aquellos que se hallan dispuestos a prestar servicios a todos por salarios o por mercedes, nunca los encontramos partícipes del arte de gobernar, ¿con qué nombre los llamaremos? Tal como acabas de decirlo ahora: servidores, pero no gobernantes de los Estados".[6]

En el dualismo platónico, la minimización del mundo sensible y el desprecio por el mundo material repercuten también en su desprecio por el trabajo manual: "Los trabajadores de la tierra y los otros obreros, dice, conocen únicamente las cosas del cuerpo. Por lo cual, si sabiduría es conocimiento de sí mismo, ninguno de éstos es sabio en razón de su oficio. De ahí que éstas parezcan artes manuales y humildes, impropias del hombre bueno y bello".[7] Y en *El político* leemos, una vez más: "Ninguno de todos los que se fatigan en los trabajos manuales debe ser nativo o de la familia de algún nativo, pues al ciudadano le corresponde un oficio grande, y si alguien se inclina hacia otro oficio más que el cuidado de la virtud, que lo castiguen con vergüenza e ignominia". Como señala Eric Roll, para Platón esta división "se convirtió en una idealización del sistema de castas y en un apoyo a la tradición aristocrática que entonces se encontraban a la defensiva".[8]

El desprecio por el trabajo manual es consistente con una democracia esclavista (valga la contradicción), y que supone un ciudadano exento de las arduas tareas de producción material y consagrado al ejercicio de lo que llaman virtud: la consecución de la autarquía, el aprendizaje teórico para adquirir criterios adecuados en lo político, en lo ético y en lo científico, el uso enriquecedor del ocio, el cultivo de la mente y el cuerpo, y la interiorización de valores socialmente reconocidos como buenos. Todo ello implica una noción de comunidad, es decir, un grupo

6. Platón, *El Político*, XXIX, 280-90, citado por Mondolfo, Rodolfo, *El pensamiento...*, ob. cit., vol. I, pág. 267.

7. Platón, *Primer Alcibíades*, XXVI, 131, citado por Mondolfo, Rodolfo, *El pensamiento...*, ob. cit., vol. I, pág. 268.

8. Roll, Eric, *Historia de las doctrinas...*, ob. cit., pág. 25.

humano relativamente extenso que comparte un *modus vivendi* y los valores que lo fundan; pero dicha comunidad excluye el trabajo y la fuerza de trabajo, ámbitos limitados a suministrar el cimiento material para que el ciudadano pueda ejercer sus derechos. Aristóteles excluye del derecho a la ciudadanía no sólo a los esclavos, sino a todos aquellos que laboran por la producción material de la sociedad; así, en su *Política* leemos: "Una ciudad perfecta jamás dará una ciudadanía a un artesano; la virtud del ciudadano no es propia de cualquier individuo, ni de quien solamente es libre, sino de todos los que se hallan exentos de los trabajos necesitados. Los sujetos a los trabajos necesarios, si se hallan al servicio de un hombre, son esclavos; si están al servicio del público, son artesanos y mercenarios".[9]

Contribuyeron a una visión degradante del trabajo la valoración que Platón hizo de las Ideas a expensas del mundo sensible; la consecuente determinación de la vida virtuosa centrada en la contemplación de las Ideas y, por lo mismo, desligada de los vaivenes de la realidad material; y la deducción de pautas de conducta a partir de esta vida contemplativa. Como bien señala Felice Battaglia,[10] todo trabajo tiene en común la resistencia de un material con la cual es preciso bregar, sea para transformarlo o para encauzarlo, trátese de un objeto que provee la naturaleza o de un objeto-sujeto, es decir, una relación con otra persona. Este acto mismo de tensión, de desgaste, de motricidad transformadora es, bajo la óptica de la virtud platónica, una degradación. Lejos de ser la realización de las potencialidades humanas o la dignificación ético-so-

---

9. Aristóteles, *Política* (VII, 13, 1333), citado por Mondolfo, Rodolfo, *El pensamiento...*, ob. cit., vol. II, pág. 77.

10. Battaglia, Felice, *Filosofía del trabajo* (traducción: Francisco Elías de Tejeda), Revista de Derecho Privado, Madrid.

cial del hombre, el trabajo es, para esta cultura a medias democrática y a medias aristocrática, todo lo contrario: la inhibición del ideal autárquico y la exclusión del sujeto del trabajo frente a lo ético y lo político.

Llama la atención que una cultura de tan sorprendente desarrollo en el campo del pensamiento haya caído, en la reflexión sobre el trabajo, en un naturalismo restringido. La esclavitud era, en este marco, un fenómeno "natural" y Aristóteles da cuenta de ello en su *Política*, donde sostiene que hay quienes están destinados a hacer sólo uso de su fuerza corporal y cuyas necesidades se ven satisfechas en el restringido ámbito de la actividad manual. El esclavo, dice Aristóteles, jamás podrá llegar a descubrir o inventar nada por sí solo, y en esa medida su naturaleza no es libre: requiere de la ayuda de otros para aprender a distinguir el bien del mal, lo útil de lo inútil, lo verdadero de lo falso. La autarquía, si bien es el fruto de un esfuerzo estoico, exige la bendición de la gracia.

Si ya desde Platón lo ético y lo intelectual, lo bueno y lo racional (eidético) son inseparables, entonces el trabajo es, en el mundo griego, una actividad irracional. Resulta extraño asociar el trabajo a lo irracional, especialmente para nosotros, hijos de la modernidad y habituados a la identificación utilitarista de racionalidad y productividad. Para un ciudadano ateniense, lo racional tiene su fuente en la actividad contemplativa o, cuanto más, en la disposición del científico o del político; pero es incompatible con la práctica "contaminante" de quien se halla sometido a duras labores físicas. En su *Política*, Aristóteles aconseja a los ciudadanos abstenerse de toda profesión mecánica y de toda especulación mercantil. La primera limita intelectualmente, mientras la segunda degrada lo ético. Pero lo ético y lo intelectual, componentes de lo virtuoso para el ideal griego, forman una unidad indiscernible, y es tan condenable el error de la razón como el acto deshonesto. Por ello, las limitaciones intelectuales del esclavo y la sed de ganancias del comerciante son condiciones indignas del ciudadano político. La síntesis de lo racional y lo bueno en la noción griega de virtud y el vínculo fuerte entre conocimiento y moral que Platón establece, son consistentes con la división entre trabajo manual y trabajo intelectual y con la valoración de este último a costa del desprecio por el primero. Sólo el ocio, dicen los filósofos griegos, nos permite ser virtuosos y, por ende, juzgar bien. Este "bien" tiene doble sentido: un sentido gnoseológico (juzgar sin error) y uno ético (juzgar sin mal). El hecho de que sean escasos los hombres agraciados con el don de la virtud es atribuido por Aristóteles a designios de la naturaleza, la cual ha generado un orden donde el hombre virtuoso permanece por encima de la contribución de los trabajadores manuales que le despejan el camino a la virtud.

La línea divisoria que separó la actividad manual de la intelectual suscitó un fenómeno paradójico en la cultura griega, la que si bien produjo asombrosos avances en el campo de las ciencias exactas y en especial en las matemáticas, fue incapaz de traducir el desarrollo de las ciencias en grandes innovaciones técnicas. Sin ir más lejos, Euclides, en sus *Fundamentos de geometría*, creó un monumento imperecedero de las matemáticas en la cumbre de la cultura helenística. "Semejante trabajo parece haber surgido con el solo propósito de probar que la geometría, en tanto estructura de pensamiento deductivo, no obedecía más que a sí misma. En el carácter sintético del pensamiento no se tomó en cuenta el intercambio material del hombre con la naturaleza, ni desde el punto de vista de fuentes y medios, ni desde el punto de vista de fines o uso".[11] ¿En qué medida la separación del trabajo manual y el trabajo intelectual —y la premisa de que esto último no era trabajo, sino actividad regida por un ideal de autarquía—, impidió, en la cultura griega, que la ciencia cristalizara en técnica? ¿En qué medida contribuyó a ello el hecho de contar con una fuerza de trabajo esclava tan numerosa que compensaba cualquier estancamiento en el desarrollo técnico?

Otras valoraciones del trabajo

En la mitología homérica, los dioses no trabajan, pero se les adjudican todas las pasiones humanas y se mezclan con la vida sensorial de los hombres; se comprometen con los vaivenes mundanos mas no con el trabajo. Por ello, ya en la Grecia de Homero hallamos una actitud de reserva ante el trabajo; los hombres, a semejanza de los dioses, han de despreciar las labores manuales y aspirar al goce o a la contemplación. Sin embargo, no en toda la Grecia arcaica encontramos este desprecio; como bien señala Battaglia,[12] también hubo una corriente que reivindicaba el trabajo. Hesíodo, tres siglos antes que Platón institucionalizara el desprecio por el trabajo, señaló en *Los trabajos y los días* que éste es el necesario y justo castigo de Júpiter al pecado de Prometeo. Precedente del concepto judeocristiano de "caída", el mito prometeico alude a la desobediencia al mandato divino y a la necesaria expiación impuesta como castigo por los dioses para redimir el pecado. Esta expiación exige el "sudor de la frente", y leemos a Hesíodo: "Pero los Dioses inmortales han mojado con sudor la [vía] que lleva al logro de la buena finalidad. Hasta lograrla, el sendero es largo y em-

---

11. Sohn-Rethel, Alfred, *Intelectual...*, ob. cit., pág. 103.

12. Battaglia, Felice, *Filosofía del trabajo*, ob. cit.

pinado, pero, alcanzada la cima, se hace fácil y desaparece la fatiga de la jornada. Acuérdate por lo tanto, de mi exhortación y trabajo. Los Dioses y los hombres odian igualmente al que vive inactivo. Se asemeja a los zánganos que, inactivos, devoran el fatigoso trabajo de las abejas. No es vergüenza el trabajo: vergüenza es la falta de laboriosidad".[13] La cita de Hesíodo es el reverso de la exaltación platónica del ocio: el trabajo es considerado expiación y exigencia social para todos los individuos, a la vez que se condena el usufructo del trabajo ajeno.

La valoración positiva del trabajo reaparece tres siglos más tarde en algunos sofistas. Protágoras ubicó el estudio y el arte (la técnica) en un mismo rango, y Antifonte decía: "los honores y los precios, y toda especie de aliciente que Dios ha concedido a los hombres, deben necesariamente resultar de fatigas y sudores". En cambio, el desprecio por el trabajo manual tuvo su origen en la aristocracia guerrera dórica, que impuso a los vencidos aqueos el yugo del trabajo sobre las tierras conquistadas. En el otro extremo, campesinos desposeídos y vencidos, sin identidad política y excluidos de la ciudadanía y de los cargos públicos, opusieron a la filosofía aristocrática una religión de misterios que exalta el trabajo por el cual están unidos a la tierra, y le atribuye un valor sagrado. La voz de Hesíodo, en primer lugar, y la de la religión de misterios, más tarde, encarnaron la voluntad del campesino y no la del terrateniente; y "en este ámbito de las dos clases se dieron dos religiones: una, aristocrática, olímpica, contemplativa y estética; la segunda, la popular, religión de misterios y de clase desheredada donde se aprecia al trabajo, cosa dura y fatigosa, cuyos descansos son las festividades religiosas, cuyo rescate está en la vida

---

13. Hesíodo, *Los trabajos y los días*, págs. 268-87, citado por Mondolfo, Rodolfo, *El pensamiento...*, ob. cit., vol. I.

eterna. El hombre ligado a la tierra rinde culto a la tierra, advierte sus transformaciones y siente en todo ello la acción de lo divino que universalmente envuelve y levanta todo. El trabajo que lo une a la tierra adquiere para él un sentido sagrado y también, por ello, moral".[14] Este punto de vista, si bien opuesto al platónico y al aristocrático, compartió con ellos la valoración divinizante de la naturaleza; pero es por medio del trabajo, y no de su negación, como el hombre entra en comunión con la naturaleza y purifica su vida. El trabajo agrícola, no el ocio terrateniente, adquirió, en este marco, una dimensión ética que la filosofía clásica le negará más tarde.

Pero si bien hubo, como vemos, una perspectiva que valorizó el trabajo, se impuso en el pensamiento la postura aristocratizante, que minimiza el rol del trabajo en la vida social y lo condena moralmente, y que puede resumirse en las acertadas palabras de Battaglia: "El trabajo que parece emanciparnos de las cosas, en cuanto las domina y subordina, en realidad representa la prisión de nuestro ser en el cuadro de la naturaleza. Mejor salvarse con el retorno a nosotros mismos, de manera que el pensamiento nos vuelva al pensamiento [...] la sabiduría griega concluye en la contemplación y rechaza el trabajo".[15]

14. Battaglia, Felice, *Filosofía del trabajo*, ob. cit., pág. 25.

15. Ibídem, pág. 30.

II | *Matices de un concepto: caldeos, hebreos, romanos y cristianos*

La desvalorización del trabajo manual en la Grecia clásica contrasta con su exaltación en los textos sagrados de pueblos que vivieron en el Medio Oriente y cuya existencia data también de antes de la era cristiana. Una posible explicación es que la división del trabajo que desarrolló la civilización helénica no tuvo paralelo entre los caldeos o hebreos, cuya existencia se mantuvo ligada a las actividades agrícolas y cuya modalidad social no trascendió el ámbito de clan familiar o de pequeña comunidad. Esta diferencia respecto de la sociedad griega contribuyó también a que consideraran el trabajo desde una óptica distinta. La producción comunitaria constituyó la base para una estructura social y de relaciones humanas menos compleja que la sociedad de clases propia de la Atenas en el siglo V a. C. Es natural que grupos humanos que convivían y aseguraban su subsistencia en el trabajo agrícola, generaran otro pensamiento político. Y en la medida en que vivieron y se alimentaron del fruto de su propio trabajo, difícilmente llegaron a despreciar el trabajo manual.

La división tajante entre actividad manual e intelectual y el desprecio de la primera suponían un proceso de acumulación de capital y la formación de pequeñas ciudades donde la comunidad rompe sus lazos familiares. Se constituye así una sociedad con complejas relaciones internas, distintos grupos sociales e instituciones estatales que regulan la vida pública de la ciudad, perpetuando o alterando los roles dominantes. Pero mientras la acumulación no pasa de ser el *stock* que la cosecha garantiza para no sucumbir al invierno que sigue, y mientras la asociación de productores es la misma que la de quienes deciden sobre cómo racionar y distribuir ese *stock*, nada de malo hay en trabajar.

Caldeos

Así se hace comprensible, por ejemplo, que en escrituras sagradas de la religión de Zaratustra, entre los caldeos, leamos: "Es un santo aquel que construye una casa, en la que mantiene el fuego, el ganado, su mujer, sus hijos, buenas parias. Aquel que hace a la tierra producir el trigo, quien cultiva los frutos del campo, propiamente él cultiva la pureza".[1] Nada comparable con el desprecio por el trabajo en los filósofos de la *polis*. En cambio, encontramos una moralización del trabajo según la cual el mérito residía en la autosuficiencia; pero no se trataba de una autarquía espiritual, sino de la autonomía básica de carácter material. Subsistir con las propias manos y consumir los frutos del propio trabajo, eran, conforme a este párrafo sagrado, prácticas de vida dotadas de valor moral. Al aso-

---

1. Yasna, XXXIII, 2-3. Citado por Battaglia, Felice, *Filosofía del trabajo* (traducción: Francisco Elías de Tejeda), Revista de Derecho Privado, Madrid, 1955, pág. 26.

ciar el trabajo agrícola con la purificación espiritual, el texto acompañó el escaso desarrollo de la división del trabajo en la comunidad de la que es expresión. Dotar al trabajo manual de un rango similar al de la contemplación beatífica suponía que en semejante comunidad quienes trabajan y quienes consagran parte de su tiempo al cultivo espiritual son las mismas personas. Del mismo modo, no sólo la actividad se hallaba dotada de valor ético, sino también su producto: quien cultiva los frutos del campo, cultiva la pureza. De acuerdo con el texto sagrado citado, la actividad agrícola de los caldeos era doblemente *productiva*: tanto una función socioeconómica de producción material de la comunidad, como también una práctica fecunda en lo espiritual. Del mismo modo, el bien producido por esa actividad es "bien" tanto en sentido económico, en tanto satisface una necesidad vital, como en sentido ético, en tanto cristaliza y perpetúa la capacidad edificadora de quien lo extrajo de la tierra. "Quien siembra el trigo, siembra el bien", leemos en el *Sendavesta*. El trabajo y sus productos eran vistos como expresiones concretas de la vida pura, y no de su negación. Hará falta una filosofía dualista —como la de Platón—, que separe lo ideal de lo sensible, y valore lo primero y desprecie lo segundo, para negarle valor a la producción material.

Hebreos

Entre los hebreos, la valoración del trabajo estaba teñida de ambivalencias que lo situaron a mitad de camino entre la exaltación de los caldeos y el menosprecio de los atenienses. Como los griegos, los hebreos veían en el trabajo un mal necesario, una actividad sacrificada y fatigosa, pero no por ello desprovista de sentido ético. El hebreo creía conocer la causa de esta obligación de trabajar, pues sentía como deber de cada cual expiar el pecado cometido por sus antepasados en el paraíso perdido. Dice el Talmud: "Si el hombre no halla su alimento como animales y pájaros, sino que debe ganárselo, es debido al pecado". Con ello, el trabajo adquirió un sentido que los griegos no le atribuyeron: un sentido social y un sentido *histórico*. Los griegos carecían de sentido histórico, pero entre los hebreos el hecho de que el trabajo fuese parte del imperativo de "saldar una cuenta" con el pasado del propio pueblo, hizo emerger un sentimiento de continuidad intergeneracional, de desarrollo y de dirección dentro de la historia.

Es cierto que el trabajo encarnó aquí, como en los griegos, un destino fatal. Pero esta fatalidad se justificó porque a través de ella se superaba el reino "caído" por causa del pecado original. El trabajo era un medio para producir, pero también para redimir. En tanto castigo, poseía carga negativa, pero como expiación tuvo sentido positivo. Como en los griegos, el trabajo fue una dura necesidad; pero ya no se trataba de una necesidad ciega, sino de una expiación cuyo objetivo era saldar la cuenta de los ancestros y reconquistar la dignidad espiritual para el pueblo. Así, el sudor de la frente es lo que a la postre despeja la frente.

El sentido histórico en los hebreos cambió la visión del mundo y de la vida. Si los griegos aceptaban un orden cósmico ante el cual nada puede hacerse salvo elevarse en su contemplación, para los hebreos la noción de expiación legitimaba a la vez las nociones de cambio, finalidad y voluntad de transformación. El mundo no era para ellos algo acabado, sino algo por moldear, por elevar al rango de un ideal que sólo los esfuerzos del ser humano pueden hacer factible. Restaurar la armonía que el pecado original había destruido y contribuir a instaurar el Reino de Dios en la Tierra eran los móviles que dignificaban la actividad humana. Roto el dualismo platónico, se rompió también la degradación de la actividad productiva. En la literatura rabínica se sostuvo, sin negar la venida del Mesías, que el Reino de Dios emergerá lentamente desde la realidad actual, gracias a la buena voluntad y al trabajo del hombre realizado solidariamente. El Apocalipsis puso énfasis en la meta; la literatura rabínica, en los medios que a ella conducen. Samea convocaba a amar el trabajo, que es una forma de cooperar con Dios en la salvación del mundo. El rabino Ismael señalaba que a la labor de la Ley, la contemplación, debe sumarse el trabajo de la sociedad. Los fariseos consideraron insuficiente la enseñanza de la Ley, exaltaron el trabajo humano manual y culpaban al padre por no enseñarle a su hijo una ocupación honesta: "Aquel que vive de su trabajo es superior al hombre temeroso de Dios". Estas referencias, aunque posteriores, ratifican el espíritu originario del pueblo hebreo, que no contrapuso la voluntad divina a la humana, sino que, por el contrario, le dio sentido a la segunda postulando su libertad para adecuarse a la primera. Con ello, dotó a la actividad humana del derecho a rectificar el desorden y la desarmonía que imperan en el mundo. El trabajo-expiación, mediante el cual se redime el pecado de Adán, rescató, "bajo un plano natural, el bien que se había perdido delante de Dios, la dignidad".[2]

Hebreos y caldeos comparten la connotación tanto ética como económica del trabajo. Éste *produce* en doble sentido: asegura las condiciones materiales de subsistencia y prepara las condiciones necesarias de autorrealización. Pero el pueblo hebreo no exaltó el trabajo

---

2. Battaglia, Felice, *Filosofía del trabajo*, ob. cit., pág. 44.

en sí mismo; para el hebreo uno nunca se realiza por medio del trabajo, pues éste es siempre una actividad penosa y, en lo inmediato, desgastante. No es un espacio de autorrealización, de gratificación personal o de elevación, sino tan sólo un medio para una posterior autorrealización y elevación. Por ende, no tendría valor ético en sí, sino que fundaría su dignidad en algo externo y que incluso, lo niega (pues el Reino de Dios es un reino en el que el trabajo no existe). El concepto hebreo era, pues, ambivalente, y esta ambivalencia será recurrente en la reflexión sobre el trabajo en ulteriores fases de desarrollo de Occidente.[3]

Si bien la valorización positiva del trabajo manual en la Antigüedad suponía un régimen comunitario de producción y una división del trabajo de escaso alcance, del Antiguo Testamento podemos también deducir que se trataba de un momento de importantes cambios sociales, donde la justicia comunitaria se hallaba amenazada por el comercio naciente y la creación de un mercado que separaba a productores de consumidores. Cuando la producción tiene como fin el cambio privado, el proceso económico-social se hace difícil de controlar, pues adquiere una dinámica que rebasa la voluntad individual. De la propiedad privada nacen el comercio interior y el exterior y, con ellos, la posibilidad de acumular riquezas, situación que genera diferencias entre los miembros de la comunidad.

"[...] la rebeldía espiritual de los profetas —escribe Eric Roll— refleja este cambio en la estructura económi-

---

3. Hasta hoy prevalece la dicotomía del trabajo como medio y como fin en la reflexión social, y del trabajo penoso y el trabajo gratificante en la sensibilidad común. En la escatología hebrea, semejante dicotomía —valoración y limitación del trabajo— asumió una forma paradójica: por un lado, establecía una promesa de mundo sin trabajo ni fatiga, mientras por otro lado valoraba positivamente la actividad humana.

ca. Denunciando la avaricia de la sociedad nueva, trataron de retrotraer a los hombres a las formas de vida del pacto, de revivir la justicia y clemencia como formas de conducta social".[4] Vemos en los profetas la misma oposición a la acumulación desmesurada que mostraron algunos pensadores griegos. Pero mientras estos últimos, en nombre de un principio autárquico que despreciaba la vida terrena, condenaban por igual la acumulación de los comerciantes y el trabajo de los esclavos, en los hebreos, por el contrario, donde falta esta autarquía antimundana, la condena de la acumulación no fue condena al trabajo sino a la apropiación del trabajo ajeno.

Romanos y primeros cristianos

Así como los profetas hebreos reaccionaron ante una nueva modalidad socioeconómica que imprimió su estratificación, el cristianismo, considerado en su doctrina social, se forjó en oposición a la estructura sociopolítica del Imperio romano.

Este Imperio fue, en sus orígenes, un aglomerado de pequeñas comunidades agrícolas con escaso tráfico y una división marcada de clases sociales. Pero las condiciones naturales favorables, la cohesión nacional y la conquista de colonias produjeron la transición acelerada hacia una estructura social y política más sofisticada. A medida que aumentaba el poder de Roma con las guerras y las conquistas, aumentaban sus crisis económicas y el antagonismo de clases. Los crecientes impuestos desquiciaron a los pequeños agricultores a la par que enriquecieron a terratenientes, junto con los prestamis-

---

4. Roll, Eric, *Historia de las doctrinas económicas* (traducción: F. M. Torner), Fondo de Cultura Económica, México, 1973, pág. 21.

tas y mercaderes, creando así una nueva clase adinerada. Los conflictos sociales que se desencadenaron a lo largo del Imperio, atemperados, primero, por la consolidación de la administración y de la nación pública, pero agudizados más tarde, cuando los plebeyos se vieron aplastados bajo el peso de los tributos requeridos por un aparato administrativo desproporcionado (y cuando se hizo difícil mantener la enorme masa de esclavos), terminaron con el poder económico de la clase gobernante y con la integridad del Imperio. Las crisis internas, junto con el debilitamiento militar en las provincias, precipitaron la caída de Roma.

Durante el Imperio, la esclavitud continuó siendo la base de la economía, a tal punto que el enorme contingente de esclavos contribuyó a la aguda desocupación de trabajadores libres. La asociación de corporaciones, "refugio de los trabajadores durante la República, pierde bajo el Imperio el estatuto de libertad que regía".[5] El Estado comenzó a encauzar en su propio beneficio las corporaciones de producción que constituían la unidad económica de la República, y el intervencionismo público desplazó luego la iniciativa privada y corporativa. Si bien durante el Imperio la industria registró una expansión significativa como consecuencia de la expansión del consumo, de la explotación de nuevas materias primas y del auge comercial, ello no produjo cambios de estructura, sino una intensificación del modo artesanal y doméstico de la industria. Como en Grecia, la abundancia de mano de obra esclava y el hecho de que la actividad agrícola fuera más prestigiosa hicieron que no cambiaran ni la técnica ni la modalidad de la división del trabajo.

---

5. Lagos Matus, Gustavo, *El problema histórico del trabajo*, Editorial Jurídica de Chile, Santiago, 1950, pág. 30.

1. El problema del trabajo y de las formas que adopta en Roma no difieren sino cuantitativamente de las formas vigentes en la Grecia clásica. No obstante, en el tratamiento del concepto de trabajo Roma ofrece nuevos aportes desde la perspectiva del derecho. Eric Roll destaca como decisiva, por su importancia económica, la contribución que hicieron los juristas romanos en el ordenamiento de las relaciones económicas, al legitimar los derechos de la propiedad privada "casi sin límites", garantizando "la libertad contractual en una medida que parece rebasar las condiciones de aquel tiempo".[6] El individualismo jurídico, consecuente con el individualismo económico, no consideró como parte de las relaciones de trabajo la trata de esclavos pues, como los griegos, los romanos consideraban al esclavo una cosa, desprovista de personalidad jurídica. No hay relación de trabajo entre el esclavo que realiza una labor manual y su dueño, pues semejante relación es parte del derecho de propiedad individual que un ciudadano puede ejercer.

Pero el problema se complica cuando el dueño no ocupa al esclavo, sino que lo alquila a un tercero. Siendo el esclavo una cosa, será preciso aplicar la forma jurídica del arrendamiento de cosas. Por ello, el arrendamiento de servicios surge como un apéndice del de cosas muebles, aunque en rigor la cosa arrendada no es el esclavo sino sólo su fuerza de trabajo. Así, "por una pendiente insensible que se inicia con esta construcción jurídica, en el espíritu de los juriconsultos romanos, el esclavo empieza a comunicar su calidad jurídica de cosa a la actividad de trabajo que ejecuta".[7] De este modo, los mismos términos jurídicos se desplazaron a trabajos que no eran ejecutados por esclavos, donde el trabajador no ac-

---

6. Roll, Eric, *Historia de las doctrinas...*, ob. cit., pág. 34.

7. Lagos Matus, Gustavo, *El problema...*, ob. cit., pág. 33.

tuaba como contratante sino como *objeto* del contrato, como "una cosa cuya actividad constituye la materia del contrato". El trabajador quedó excluido de la participación en el contrato y esta materialización del trabajo como *objeto* de derecho fue haciéndose cada vez más extensiva, alcanzando al hombre libre que por decisión propia se somete a ejecutar un trabajo por cuenta ajena. El derecho romano marca, de este modo, el antecedente del arrendamiento de servicios del derecho civil moderno; la actividad del trabajador, por vez primera, se trata como objeto.

Las raíces históricas del cristianismo, en su contenido social, son indiscernibles de una reacción crítica de las "colonias" ante el individualismo clasista del Imperio romano y sus implicaciones en la desvalorización del trabajo manual. Como reacción al Imperio y a su estructura clasista, el cristianismo rechazó la riqueza y el ahorro. El orden providencial no exige acumulación en la vida terrena, y Mateo lo hace explícito en VI-19-21: "No alleguéis tesoros en la tierra", señala, "donde la polilla y el orín los consumen y donde los ladrones perforan y roban. Atesorad tesoros en el Cielo, donde ni la polilla ni el orín los consumen y donde los ladrones no perforan ni roban. Donde está tu tesoro, allí está tu corazón". Esta búsqueda en la interioridad y en la experiencia íntima y emocional pareció minimizar el peso del trabajo en la vida terrena. En contraste con el reino por venir, el trabajo poco podría aportar, pues lo decisivo es la fe, la caridad y el amor. Pero esta primacía de la actitud contemplativa se vio a su vez negada por el concepto de encarnación, por el rechazo a la fe sin obras, y por la exigencia de *servicio* y de *caridad* desde las fuentes mismas del cristianismo. Por otra parte, ya en el Nuevo Testamento, y de manera especial en el Génesis, puede encontrarse la exigencia hecha al hombre de señorear la tierra (a imagen y semejanza de Dios), lo que dota al trabajo de espiritualidad. Para Jesús, su misión como Mesías incluía la emancipación de pobres y oprimidos. Como un llamado a culminar o perfeccionar la ley de los hebreos, el cristianismo primitivo asumió y reforzó una antropología que enfatiza el *señorío* del hombre sobre la naturaleza, que sitúa al hombre en el centro del mundo y, a la vez, le exige su servicio al bien común de la sociedad. Como los profetas hebreos, Jesús atacó a los explotadores y condenó la acumulación de riquezas.

Pero si los hebreos fundaron su repudio a la nueva clase adinerada en la evocación de un pretérito comunitario, en el mensaje de Cristo a través de los Evangelios lo más importante no fue el rescate de las tradiciones heredadas, sino la fundación y fundamentación de nuevas normas de conducta social cuya raíz está en los valores cristianos de justicia y amor. En este sentido, su llamamiento no sólo fue más revolucionario que el de los profetas hebreos, sino también más universal, pues se dirigía a toda la humanidad. Su finalidad no fue poner fin a la explotación individual, sino al cambio total de la conducta del hombre en la sociedad en que vivía.

El universalismo del mensaje de Cristo era incompatible con la esclavitud, que los filósofos griegos justificaron. La solidaridad genérica y la igualdad de todos ante Dios exige valorar indistintamente a todos los hombres y a todos los trabajos. "[...] al dirigirse a todos los trabajadores de su tiempo, [Cristo] proclamó por primera vez la dignidad de todas las clases de trabajo, así materiales como espirituales."[8] No por nada sus primeros y más fervientes discípulos fueron esclavos, campesinos po-

---

8. Roll, Eric, *Historia de las doctrinas...*, ob. cit., pág. 35.

bres, pescadores y artesanos. Pero la adhesión de éstos al Mesías era una manera no de reivindicar sus derechos en el interior de la sociedad, sino de postular y practicar una forma de vida radicalmente distinta. Los esclavos y trabajadores pobres, al adherir a la nueva religión, abandonaron toda expectativa de progreso material. Una oposición abierta se desató entre los aspectos espirituales de la nueva religión y las cuestiones materiales que dividían al Imperio.

El cristianismo primitivo conservó, en lo que respecta a la noción de trabajo, la ambivalencia hebrea y la visión del trabajo como castigo impuesto al hombre por Dios a causa del pecado original. Pero le asignó un nuevo valor, aunque siempre en tanto *medio* para un fin virtuoso: el trabajo, para el cristiano, no sólo se destinaba a la subsistencia sino sobre todo a producir bienes que pudieran compartirse fraternalmente. Si se utilizan los frutos del trabajo para la práctica de la caridad, el trabajo mismo se convierte en actividad virtuosa. En el carácter moral atribuido al trabajo el cristianismo primitivo difiere de la concepción hebrea, pero mantiene el rango de medio para un fin moral.

También se atribuía al trabajo (siempre como medio, sin valor intrínseco) la finalidad de mantener al individuo fuera del ámbito del ocio, la concupiscencia y los malos pensamientos, lo que invierte la valoración griega del ocio. La comunidad cristiana fue comunidad de trabajadores, y quien vivía del trabajo ajeno era postergado y éticamente condenado. Trabajar era, para el cristiano primitivo, una manera de expresar su amor al género humano mediante la entrega desinteresada inherente a la práctica de la caridad. Curiosa paradoja, donde no se trabaja sólo para *recibir* algo a cambio, sino para *dar*. ¿Cuánto de esta concepción subsiste en nuestra actual ponderación moral del trabajo, en la condena del ocio, en el imperativo ético y de reconocimiento social en el trabajo? Preguntas que resuenan hoy en un mundo donde el trabajo tiene futuro incierto.

III | *Supervivencia y sentido: el valor del trabajo en la Edad Media*

De la estructura feudal a los gremios de artesanos

El concepto de trabajo latente en el pensamiento social de los filósofos medievales suponía la plena aceptación de la fe cristiana y del dogma de la Iglesia. Dicho concepto adoptó connotaciones ambivalentes: por un lado se exaltó el trabajo como deber natural del hombre y como medio para la práctica de la caridad; por otro lado, se lo mantuvo a distancia respecto del sentido de la vida: el trabajo es un medio, y en sí mismo carece de valor. En el pensamiento medieval volvemos a hallar la separación que griegos y romanos habían establecido entre trabajo intelectual y trabajo manual, aunque la mayor jerarquía atribuida al primero aparece atemperada por la consideración cristiana de la dignidad de todo trabajo y del derecho y deber a trabajar. Los pensadores cristianos, como Santo Tomás, debieron compatibilizar enfoques diversos, pues, a la vez que adherían a la fe cristiana, estaban también inmersos en una sociedad dividida por tensiones políticas y con los recurrentes conflictos entre el comercio y los terratenientes, donde distintos grupos —artesanos, siervos, señores, eclesiásticos— debían justificar sus derechos y pretensiones en la sociedad. En el siglo XI, por ejemplo, Adalberto de León postuló una división tripartita de los "estados" o estamentos sociales: oradores (eclesiásticos), defensores (guerreros) y labradores o agricultores. Estos últimos eran los más despreciados; en cambio, el menosprecio hacia los artesanos se atenuó debido a la creciente importancia del gremio, y también porque en muchas comunidades monásticas a cada cual le correspondía algún trabajo manual.

En la Edad Media, "[...] la distribución y regulación de la propiedad, sobre todo de la tierra, tuvieron su origen en procesos que ocurrieron en el último período del Imperio Romano".[1] Pero la decadencia de Roma fue también la disolución de una economía de raíces esclavistas y con un difundido régimen monetario. Roma se había convertido en un lugar poblado por una masa atomizada de dos millones de personas que vivían a costa de los beneficios sociales del desempleo. Los enormes latifundios, poseídos en su mayoría por senadores y trabajados por esclavos, fueron cediendo paso a un nuevo modo de producción que llevaría el pulso del Medioevo: la propiedad feudal y la relación entre señor y siervo.

La decadencia de Roma y la disolución de la producción destinada al intercambio mercantil llevaron a recrear el trabajo. Si en Grecia y en Roma el objetivo era producir mercancías que poseyeran un valor de cambio en el mercado, la caída de Roma fue, en cierta medida, el comienzo de —o el regreso a— unidades económicas que se autoabastecían y para las cuales el trabajo estaba consagrado a producir para el consumo y no para el intercam-

---

1. Roll, Eric, *Historia de las doctrinas económicas* (traducción: F. M. Torner), México, FCE, 1973, pág. 37. No olvidemos que Roma conserva la visión peyorativa del trabajo manual transmitida por los griegos.

bio. A diferencia del esclavo, el siervo del feudo fue, aunque parcialmente, propietario de sí mismo y de los frutos de su trabajo, si bien debía destinar gran parte de su producción al señor. Así, "el trabajo productivo perdió su incompatibilidad con la calidad humana del hombre y pudo emprenderse sin el riesgo de la esclavización. El cristianismo, con su culto religioso del hombre en lo abstracto, fue una expresión ideológica plausible de esta innovación. El siervo y el villano eran bautizados al igual que el señor feudal".[2] Encontramos aquí un interesante paralelo entre la desaparición de la producción de mercancías, la revalorización del trabajo humano y la disolución de la esclavitud. No debe extrañar, por lo tanto, que la Edad Media haya albergado un concepto de trabajo menos peyorativo que el de la Antigüedad clásica, si bien sujeto a jerarquías propias de una sociedad estamental dividida en señores y siervos.

El desarrollo económico del feudalismo europeo comenzó con un regreso a la agricultura campesina en pequeña escala y a la producción de artesanos independientes, como resultado de un cambio en el método de administración de las grandes propiedades de tierras en la última época romana. En lugar de trabajar sus tierras con esclavos de su propiedad, los terratenientes arrendaban parcelas a arrendatarios libres o a esclavos. Estos últimos debían, a cambio, pagar una renta en especie y dinero y, a la vez, encargarse del cultivo de los dominios del terrateniente. La defensa de los dominios del propietario condujo a la formación de una casta de colonos militares que, si bien poseían privilegios sobre los otros inquilinos, debían someterse a obligaciones adicionales. En el siglo IV, el arrendatario libre fue adscrito a la tierra, "y así em-

---

2. Sohn-Rethel, Alfred, *Intelectual and manual labour*, Critical Social Studies, Londres, 1978, pág. 105.

pezó un nuevo sistema de cautiverio que con el tiempo reemplazó eficazmente a la esclavitud antigua".[3]

Los pequeños productores —pequeños propietarios— contaban, a diferencia de los esclavos de otrora, con la posesión unificada de sus capacidades físicas e intelectuales y con la libertad para aprovechar la propia inventiva e imaginación a fin de aligerar su trabajo. Esta porción de libertad contribuyó a incrementar la capacidad productiva mediante el aprovechamiento masivo de la energía natural del agua, el viento y las bestias de carga. El crecimiento general de las fuerzas productivas de las que disponían campesinos y artesanos individuales, entre los siglos IX y XIII, dio origen a un cambio en el modo feudal de producción y explotación.[4] La apropiación de excedentes, a la vez que enriquecía al señor feudal, otorgaba mayor movilidad y perspectiva al pequeño campesino-artesano, lo cual estimuló la formación de pequeñas ciudades o burgos donde se intercambiaban los productos, con la inexorable activación monetaria que acompaña al comercio. En los dos siglos siguientes, la presión por superar las limitaciones del feudalismo condujo a la ruptura del sistema.

Esta etapa de transición fue vital para el desarrollo del trabajo, pues condujo a la creación de gremios corporativos. Manteniendo la continuidad entre la familia y la profesión, tales organismos nuclearon a los artesanos en torno de un trabajo considerado socialmente digno, útil a la colectividad y provisto de un valor moral. El miembro de la corporación era una *persona*, tanto en el sentido social como en el moral. Junto con estas instituciones nacían nuevas normas jurídicas tendientes a la protección del trabajador, con la premisa de que el trabajo debía agruparse en organismos de carácter colectivo. El trabajador era libre

---

3. Roll, Eric, *Historia de las doctrinas...*, ob. cit., pág. 37.

4. Véase Sohn-Rethel, Alfred, *Intelectual...*, ob. cit., págs. 106-10.

de escoger la corporación a la cual pertenecer y en la cual desarrollar su vida de trabajo, pero al entrar en ella pasaba a formar parte de un cuerpo que se administraba por sí mismo y aseguraba la disciplina profesional. De este modo, la corporación constituyó un cuerpo intermediario entre la comunidad familiar y la comunidad urbana, donde se subordinaron los intereses individuales del trabajo al interés profesional, prioritario y de mayor rango en la vida de la ciudad. Esta institución —el gremio— reguló la vida económica en la ciudad. Operaba con una producción en escala limitada y para un mercado pequeño y constante, y se orientó a la satisfacción de las necesidades más que a la sed de ganancia.

Hacia el siglo XII, comenzó a desmoronarse la estructura feudal, basada en un sistema rígido y en una economía cerrada donde el señor feudal tenía extensos derechos sobre la persona y la actividad de los siervos. Cierto es que hasta entonces el régimen feudal le garantizaba al campesino una porción de tierra que poseía hereditariamente y un margen de seguridad y de ganancia que le permitía una adecuada subsistencia —según las sobrias costumbres de la época—; pero la irrupción de la riqueza mueble y de la producción artesanal, junto con su institucionalización en corporaciones, permitió fabricar en mayor escala y a menor precio bienes antes producidos en el dominio feudal, y a la vez posibilitó un más alto nivel de vida de los trabajadores. El dinero ganó mayor peso que la tierra gracias a las actividades comerciales y financieras de los burgos, y esto ocasionó un deterioro de la vida de los siervos, pues el propietario debía aumentar sus rentas y exigir más a los trabajadores. En la primera mitad del siglo XIV, la mayor parte de los campesinos compró al señor su libertad. En esa transición, el trabajo dio un importante paso hacia su emancipación, y la mentalidad colectiva de la época, emanada de las corporaciones y del sentido cristiano, valora moralmente la vida económica y "alimenta una hostilidad para toda renta que no esté justificada por una labor personal".[5]

De modo que en el curso de la Edad Media el mayor hito fue, desde el punto de vista del desarrollo del trabajo, la formación de gremios corporativos. Algunas crónicas aluden al gremio de tejedores en Maguncia, en 1099; al de mercaderes de pescado en Worms, en 1106; al de zapateros en Wurzburg, en 1128.[6] Durante largo tiempo, los gremios tuvieron calidad corporativa y sus decisiones eran tomadas como parte de la ley; poseían bienes y derechos sobre los bienes de los miembros que morían sin testar, actuaban como mediadores en las disputas, trataban los problemas de horas de trabajo, salarios, calidad, aprendizaje, admisión en el gremio y en el oficio y "reglamentaban muchas de las cosas que son parte necesaria de cualquier comercio sujeto a un mercado cambiante".[7] Alcanzaron tal poder que, después de 1384, los treinta y dos gremios de oficios en Lieja dominaron la ciudad, "y los derechos políticos eran disfrutados sólo por aquellos que estaban inscritos en sus roles".[8] Estos gremios trataron de controlar la oferta en el trabajo: definían los requisitos de ingreso en el oficio, buscaban la igualdad para todos sus miembros y se protegían de la competencia desleal, lo cual muchas veces también los llevó a crear verdaderos monopolios, como el de la fabricación de telas en Gante desde 1314.

Tanto el gremio como la aldea feudal desempeñaban un papel protector, pues el trabajador podía cobijarse allí

---

5. Lagos Matus, Gustavo, *El problema histórico del trabajo*, Editorial Jurídica de Chile, Santiago, 1950, pág. 60.

6. Véase Tannenbaum, Frank, *Filosofía del trabajo*, Del Pacífico, Santiago, 1957, pág. 20.

7. Ibídem, pág. 20.

8. Ibídem, pág. 22.

toda su vida y sentirse parte orgánica de una comunidad. Su pertenencia a una sociedad integrada de trabajo, familia y vínculos sociales más extensos, elevaba su dignidad y la autovaloración individual daba sentido a su existencia productiva. El trabajo adquiría sentido en un marco que lo trascendía, pues el gremio o el feudo, a la vez que centros de trabajo, eran comunidades e instituciones que agrupaban a sus miembros dentro y fuera de la actividad laboral propiamente tal. A diferencia del anonimato del obrero de la sociedad industrial, el siervo y el artesano de la Edad Media se sentían reconocidos en su comunidad y podían palpar con las manos el fruto de su actividad. Su organización de trabajo —agrícola o artesanal— no sólo era su territorio seguro, sino también un marco estable y delimitado donde sabían a qué atenerse y serían valorados con la vara de su oficio.

Si los gremios constituían unidades monopólicas en cuyo interior se daban lazos y jerarquías inquebrantables, y si estos gremios operaban en una sociedad dividida en estamentos sociales, ¿cómo se mantenía la cohesión de la sociedad? Ante todo, porque en la cosmovisión de la época esa división era considerada parte de un orden natural. Cada individuo cumplía actividades reguladas conforme a su rango en la escala social. El lugar del individuo en la sociedad, con sus deberes y derechos, se definía de acuerdo con las prescripciones políticas de su estado. Pero esa desigualdad intrínseca era compensada por el mayor el peso de valores morales y sociales, tales como la fidelidad al grupo de pertenencia, la lealtad a la profesión y al gremio, y la subordinación a los mandatos de la Iglesia.

Apoyada en la idea de que los hombres son, en su vida terrenal, intrínsecamente desiguales, esta división minuciosa de clases y rangos debería implicar, como para griegos y romanos, un concepto peyorativo del trabajo, y sobre todo del trabajo manual. Pero, en este aspecto, la Edad Media introduce una ambivalencia distinta de la de hebreos y cristianos. Por un lado, existía en el medioevo una mayor valoración de las actividades intelectuales, en especial de las contemplativas, y un matiz de desprecio ante las labores manuales. Pero por otro lado, y como ya se ha sugerido, en el interior de los gremios la valoración del artesano fue muy distinta, porque se lo concibió como parte orgánica y medular de una organización colectiva que otorga pleno sentido a lo que hace.

El trabajo en la patrística y la escolástica

Nos detendremos ahora a examinar el concepto de trabajo forjado en la reflexión intelectual de la época, donde el pensamiento se desarrolló bajo la égida de la patrística y la escolástica cristianas. El examen de esta reflexión nos muestra que el pensamiento especulativo no escapó, a lo largo de la época, de las ambivalencias latentes en la concepción práctica del trabajo.

La condena moral del cristianismo a la explotación económica se circunscribió a un plano general, y a veces vago, donde el retraimiento ascético, como en el caso de San Agustín, descuidó la necesidad de reformas sociales respecto de la esclavitud. Pero esto no significa que la patrística cristiana haya legitimado el esclavismo y conservado los patrones de desvalorización del trabajo vigente en la Antigüedad clásica. Herederos del mensaje evangélico, los Padres de la Iglesia afirmaron que el trabajo es deber natural del hombre. San Juan Crisóstomo alentó a sus seguidores a rechazar los bienes adquiridos de modo injusto, haciendo hincapié en que la adquisición de cualquier bien supone necesariamente la ejecución de un trabajo, y el objetivo de esta adquisición no es sólo gozar de los bienes, sino ante todo practicar la caridad con los pobres. No hacerlo, decía, constituye un robo.

San Agustín recordaba el ejemplo de San Pablo, quien consagró sus horas al trabajo manual, predicando él mismo el sentido del trabajo como medio para la construcción del hombre del Evangelio. Según San Agustín, todo trabajo manual es bueno, pues es ley de la naturaleza que el hombre se procure por el trabajo personal y por el trabajo colectivo de la comunidad lo que le hace falta para vivir, además de la función caritativa que pueda darse a los frutos del trabajo. En general, San Agustín fue heredero del platonismo y conservó en gran medida el dualismo, lo que nos podría hacer sospechar que desvalorizaría el trabajo material. Sin embargo, concilió el dualismo platónico con la posición cristiana cuando sostuvo que el campesino y el artesano, al cumplir sus labores productivas, tienen el alma libre, de modo que es perfectamente compatible pensar en Dios y a la vez trabajar. De allí que el trabajo no perdió, para San Agustín, la dignidad que sí había perdido en Platón. Una vida moral no exige prescindir del trabajo, sino desarrollar la capacidad para insertar, en el trabajo, un desdoblamiento entre la acción física y la reflexión espiritual.[9]

---

9. Curiosamente, algunos exponentes de la moderna psicología industrial postulan un principio análogo al afirmar que una de las ventajas de la automatización reside en que posibilita la realización mecánica y repetitiva de un trabajo que no absorbe la atención y que, por ende, permite consagrar la energía mental al fantaseo u otros ejercicios intelectuales. Aunque para San Agustín el valor del pensar en Dios no es el mismo, claro está, que el que pueda tener el fantaseo del obrero de la industria automatizada, en ambos casos está implícita la disociación entre lo físico y lo mental durante el trabajo. Más adelante volveremos sobre el carácter alienante de esta disociación en el trabajo contemporáneo. En todo caso, tanto en San Agustín como en la psicología de la automatización, el esquema dualista ya no opone trabajo a ocio, u obreros a intelectuales, sino que inserta el dualismo en el interior del trabajo. Si esto contribuye a la integración o a la esquizofrenia es un interesante dilema, pero no lo trataremos en este momento.

A partir del siglo IV se expandió el monaquismo, que contemplaba el trabajo como deber. San Agustín sostuvo incluso que el trabajo sólo es obligatorio para los monjes, y suministra los bienes necesarios para mantener el monasterio, a la vez que fomenta el amor fraternal y cura el cuerpo y el alma de los placeres del mal. San Benito de Nursia agregó que el trabajo es, además, instrumento de perfección. "Trabaja, y no desesperes", decía San Benito, y en los monasterios benedictinos los monjes alternaban trabajo y oración. Pero en ningún momento el trabajo abandona su categoría de instrumento para un fin que lo trasciende: la purificación, la caridad, la expiación.

Los franciscanos consideraron que los frailes debían vivir del propio trabajo. La orden franciscana no era mendicante en sentido estricto, sino trabajadora y de pobreza. Condenaba la propiedad inmueble y de dinero, pero no así la de herramientas de trabajo. Limitó la apropiación a los frutos del trabajo y lo necesario para trabajar, dejando la mendicidad como recurso último, e insertó un elemento sin precedentes: el sentido de alegría que lo acompaña, dado que el trabajo ha de emprenderse por la gloria y gracia de Dios. Esta conciliación del "sudor de tu frente" con "la alegría de tu corazón" otorgó al trabajo una connotación distinta.

El alegre sentimiento franciscano está bastante alejado del carácter expiatorio que antes se había dado al trabajo; al convertirse en una actividad que genera alegría, resulta impensable como castigo. Pero su carácter "alegre" no lo convirtió en un fin en sí mismo; porque en ese caso habría sido un desafío a Dios y no un servicio. La alegría no nace de la actividad misma, como puede ser el caso del juego, sino de su finalidad, la de servir a Dios del mejor de los modos posibles. Desde esta finalidad, la alegría se proyecta hacia la actividad que la hace posible. Si la alegría en el trabajo fuese el fin, la esencia de éste radicaría, como decía San Agustín, en la autoadoración y en la exaltación del ego (lo que no difiere de tomar los frutos del trabajo, la riqueza, como fin en sí mismo).

En la jerarquía de profesiones establecida por Santo Tomas, el trabajo agrícola y artesanal aparece por encima del comercial, y la usura es condenada con el argumento de que el interés no es representativo de trabajo ni de herencia. El trabajo, en la concepción tomista, es una obligación sólo en tanto es necesario para la subsistencia del individuo y del grupo al que pertenece. Quien puede vivir sin trabajar no tiene ningún imperativo moral que lo fuerce a hacerlo: mejor para él si dedica su tiempo a orar y a contemplar a Dios, actividad de mayor rango. El carácter moral del trabajo reside en que es un deber para el hombre preservar su vida, y sólo como medio para ello tiene carácter de imperativo.

Pero Santo Tomás reprodujo la división platónica entre trabajo intelectual y trabajo manual: mientras este último inclina a los hombres a las cosas, el primero los hace autónomos y dignos, y pueden volverse hacia Dios sin obstáculos. Los bienes exteriores son un medio para un fin que los supera, escribe en la *Summa Theologica*, y por eso el deseo de los bienes materiales será valedero "cuando esté rectificado por una regla sacada de la naturaleza de ese fin". Todo bien material es un bien relativo, en tanto subordinado al bien absoluto. El trabajo sólo produce bienes relativos, pero en la medida en que asegura la subsistencia, y ésta es mandato divino, se ajusta asimismo a un bien absoluto. Así, en tanto los bienes sean considerados meros medios, la variedad de su extensión no hace al propietario más o menos bueno. La regla moral de la satisfacción de las necesidades no contradice a la ley de la adquisición. La posición de Santo Tomás difiere aquí sustancialmente de la de sus antecesores, y no es de extrañar, pues necesitaba adecuar el dogma a los cambios sociales de los siglos XII y XIII, donde el desarrollo del comercio y de la propiedad ya ocupaban un lugar prominente en la vida social.

En contraste con lo anterior, el propio Santo Tomás consideró el trabajo como una ley natural y, por ende, genérica: todos cuantos posean naturaleza humana se rigen por esta ley. El trabajo es actividad mediante la cual el hombre actualiza potencias mentales y físicas. Johannes Haessle señala que Santo Tomás define la vida "como el dinamismo según el cual el hombre despliega la mayor suma de voluntad operante".[10] Condena la acedia, la pereza, a saber, la ausencia de tensión interior que hastía al hombre de la actividad espiritual y que nace del miedo al esfuerzo corporal. Como toda actividad económica, el trabajo debe promover la actividad más fecunda, preservando al hombre tanto de la acedia como de la actividad sin freno que pueda sustraerse de toda regulación superior. Trabajar es, en esta perspectiva tomista, actualizarse, vivir en acto: obrar es el medio de llegar a ser un reflejo de la actividad absoluta. Para Santo Tomás, Dios es sólo la causa absolutamente primera a la que todo debe su existencia, y el obrero, por analogía, es *causa segunda*, también eficiente, pues procura dar a otros objetos más realidad y perfección, poniendo en ellos el sello de su fuerza y pensamiento. Siendo causa relativa, quien trabaja es también reflejo de la causa absoluta. Así, "entre todas las formas con que la criatura humana intenta realizar la semejanza divina, no hay otra de relieve más destacado que la de trabajar, es decir, ser en el mundo causa de nuevos efectos";[11] y en *Summa contra*

---

10. Haessle, Johannes, *El trabajo y la moral* (traducción: A. Gruchani), Desclée, Buenos Aires, 1944, pág. 52.

gentiles, Santo Tomás preguntaba si hay sobre la Tierra algo más divino que colaborar con Dios. Tal como Dios tiene la capacidad de imprimir su bondad en sus criaturas, éstas tienen el don de comunicar en sus productos sus potencialidades.

Pensar al ser humano como *causa segunda* abrió entonces nuevas perspectivas para el concepto de trabajo,[12] que contrastan con la afirmación de Santo Tomás según la cual el trabajo sólo tiene sentido en tanto asegura el cumplimiento del imperativo divino de procurarse la vida. Cabría distinguir aquí el sentido inmediato del trabajo (proporcionar al hombre lo que es necesario para el mantenimiento de su vida) de un sentido mediato: en tanto *causa segunda*, el hombre se actualiza como imagen de Dios, imprimiendo su creatividad a lo que produce.

La incorporación de nociones como actualización de potencialidades y desarrollo del sujeto fue decisiva en el desarrollo del concepto de trabajo, y con frecuencia se la atribuye al humanismo posterior. Pero, como hemos visto, Santo Tomás ya había intuido ese matiz al concebir al hombre como *causa segunda* y al definir la actividad humana como esencialmente "fabricante", creadora y transformadora de la naturaleza a imagen de la obra de Dios. Con ello remite la esencia del trabajo al trabajo estrictamente productivo, y en eso no difiere mucho del análisis hegeliano y marxista. Las motivaciones, claro está, eran distintas, pues mientras Hegel y Marx tenían los ojos puestos en el futuro, a Santo Tomás le sirvió para condenar el emergente capital comercial, y reivindicar, en cambio, el trabajo de artesanos y campesinos. Por otro lado, al poner la

---

11. Santo Tomás, citado por Haessle, Johannes, *El trabajo...*, ob. cit., pág. 55.

12. La teología del trabajo desarrollada en el último medio siglo nace de esta premisa tomista, a saber, la del hombre como *causa segunda*. Otro precedente es la visión aristotélica del hombre como co-creador, capaz de concebir y ejecutar.

actitud contemplativa y la actividad monástica en la cúpula de la pirámide, mantenía las jerarquías vigentes y tradicionales de su época.

No obstante valorar genéricamente el trabajo como un medio para alcanzar la perfección, Santo Tomás compartió la jerarquización platónica, pues consideraba que el trabajo intelectual era superior al manual. Postuló que la diversidad de oficios no es arbitraria, sino obra de la Providencia, que se encarga de que nada falte a la comunidad. La naturaleza del individuo determina su elección profesional, pero es la Providencia quien dispone las condiciones humanas y la que, en último término, determina esa elección. Allí donde el individuo elige su profesión conforme a las inclinaciones de su propia naturaleza, obra moralmente y podrá disponer de alegría en el trabajo. Así, la *"diversificatio officiorum* es evidentemente una institución de derecho natural y directamente querida por Dios, para expresar el carácter orgánico que Dios quiso dar a la sociedad".[13] Con ello, *el trabajo profesional tendría como función central servir al bien común*, que para los escolásticos estaba siempre por sobre el bien particular, pues hace viable la fraternidad comunitaria propia de la doctrina cristiana.

Otro aporte relevante de Santo Tomás fue su interpretación del contrato de trabajo. El empleador le ofrece al empleado una suma de dinero a cambio de una prestación que este último se compromete a proporcionar. Pero el empleado no se vende a sí mismo, ni su cuerpo ni su intelecto, pues eso haría, de un sujeto, un objeto comprable, lo que para Santo Tomás está vedado por la naturaleza. Tampoco se vende la facultad de trabajo del empleado, pues "ella es realmente inseparable del hombre [...] El trabajo no es una mercancía. De ahí proviene que los es-

---

13. Haessle, Johannes, *El trabajo...*, ob. cit., pág. 155.

colásticos consideren el contrato de trabajo como un arriendo".[14] El obrero, dueño de sí mismo, arrienda sus servicios mediante el contrato de trabajo; así, no enajena su trabajo ni se separa de él, y en ningún momento deja de pertenecerle. Sin embargo, el arrendamiento de servicios, al entrar en la misma categoría del arrendamiento de cualquier bien mueble, supone una cosificación de aquello que se alquila.

En cuanto al precio de este alquiler, es decir, el salario que debe recibir el obrero por su trabajo, Santo Tomás lo consideró bajo dos aspectos, el de la utilidad del trabajo y el de su fin natural. El justo precio puede variar según el aspecto que se considera. Desde la perspectiva del fin natural, el trabajo es el medio dado al hombre para conservarse y desarrollarse, y su justo precio es aquel que le permite hacerlo; es ése el mínimo salario concebible. Pero desde la perspectiva de la utilidad, el justo precio varía según el rendimiento productivo del trabajo, y el máximo salario no puede nunca superar su utilidad, pues entonces se violaría la ley del precio justo. Manteniendo la relación salario-productividad (en el sentido económico del término), Santo Tomás ratificó el principio de desigualdad intrínseca entre los hombres en el plano material, y la estratificación social de la fuerza de trabajo quedaría explicada y justificada por este mecanismo. Para ello, Santo Tomás se apoya en la Escritura: "Cada uno, dice Corinth., 3, 8, recibirá su recompensa proporcionada a su trabajo". La utilidad del trabajo, afirma Santo Tomás, tiene a su vez dos aspectos: una utilidad objetiva y un valor social de esa utilidad, y según cómo varíen estos dos elementos podrá variar el salario. De este modo, admitió que el salario estaba sujeto no sólo a la productivi-

---

14. Ibídem, pág. 199.

dad de quien lo recibe, sino también a los vaivenes del mercado. No es de extrañar que Santo Tomás haya incorporado esta variante en momentos en que la expansión de los mercados cambiaba el rostro de la economía de Europa. La resistencia al comercio y a la usura no pudo durar mucho, pues la presión de la creciente actividad económica terminaría por ablandar la rigidez doctrinaria de la Iglesia al respecto.

IV | Mercantilismo y humanismo en el concepto renacentista del trabajo

La ética mercantil

Si el régimen feudal y la asociación gremial fueron las instituciones que regían al trabajo en el Medioevo, en el Renacimiento la actividad económica dominante fue, sin duda, el mercantilismo. La práctica comercial y monetaria, cuyo incipiente desarrollo se hizo manifiesto en los últimos siglos de la Edad Media, se convirtió en capitalismo comercial durante los siglos XV y XVI. La reticencia eclesiástica a la acumulación mediante este tipo de actividades económicas se vio obligada a menguar para no oponer la Iglesia a los intereses emergentes.

La primera concesión eclesiástica a la nueva modalidad fue la doctrina del *damnum emergens*, que autorizaba el cobro de intereses cuando ocurría una dilación o retraso en el pago de un préstamo. En semejantes circunstancias, el prestamista cobraba una multa por mora. Otra concesión fue el reconocimiento de que el prestamista merecía una compensación especial por el riesgo a que se exponía. Finalmente, la prohibición del interés cayó en desuso. Esto no significa que mercaderes y eclesiásticos hayan compartido la misma ética, pues es en este punto donde hallamos valores irreconciliables. Como señala Gérard Mairet, "el problema ético es la antinomia entre el fin y los medios; la ética del burgués mercantilista, que se desarrolla en el siglo XIII al XV, no es ajena a ello [...] La ideología moral del negocio puede resumirse así: el fin justifica los medios, y el fin es la ganancia [...] la ética mercantil consiste en moralizar la ganancia, en considerarla un instrumento de progreso, y al cambio como el instrumento más seguro de la civilización".[1] Mercaderes y banqueros hacen del comercio una virtud; del dinero, una religión profana. Según Mairet, esta forma de valorar ha sabido imponerse hasta nuestros días.

El mercantilismo generó, al desplegarse, una moral muy distinta de la sustentada por el clero. Convirtió los antiguos medios en fines en sí mismos, pero no por eso desprovistos de valor ético. El progreso económico y la conquista de riquezas constituyeron genuinos valores morales para el comerciante incipiente del siglo XIV. Este cambio de moral no implicó una renuncia a la valorización que los escolásticos habían hecho del trabajo, sino más bien una transmutación laica de esa valorización: el trabajo sería considerado la actividad mediante la cual el éxito y el progreso son posibles y, en esa medida, posee valor.

La existencia del mercader como institución social se afianzó en el siglo XIII, cuando las ferias campestres se constituyeron en mercado permanente de Europa. En sus orígenes, el mercader era un errante incansable movido por el interés de beneficios y ganancias. La *mentalidad mercantil* se forjó recién en los dos siglos posteriores, a medida que los comerciantes se sedentarizaron. Desde muy

---

1. Mairet, Gérard, "L'étique marchande", en *Histoire des Idéologies*, dirigida por François Châtelet, Éditions de la Hachette, París, 1977, vol. II, pág. 213.

temprano se establecieron vínculos entre los mercaderes feriantes y el poder político. La tolerancia y el apoyo del poder se expresó en exención de impuestos, administración de ferias, protección de mercaderes, policía comercial, etcétera. Todo ello contribuyó al éxito de los intercambios y al desarrollo de los mercados. Al mismo tiempo, se afirmó el poder político del comerciante. Puesto que su marco de actividad era la ciudad, su ideología es una ideología de la vida social urbana; y los historiadores han podido destacar que "el pasaje de una civilización rural a una urbana, que caracteriza el conjunto del mundo moderno desde los siglos XV y XVI es, en gran parte, la obra del burgués cambista".[2]

El cambio de valores suscitado por la hegemonía económica y el ascenso político de la clase comerciante, con la imposición de su *práctica de los negocios* acabó por atribuirle una dimensión moral a la actividad lucrativa. El comercio fue visto como un vínculo de sociabilidad general, y el buen funcionamiento del intercambio se convirtió en una finalidad social; tal como lo entendió Marsilio de Padua: es el mercado y el intercambio mercantil lo que da al trabajo su sentido y su marco de referencia. Orientado hacia la producción mercantil, el trabajo se integró en la vida social, asentada definitivamente en las ciudades. El auge de la vida ciudadana coincidió con la consideración moral del beneficio económico: la ganancia sería, en esta vida de mercados, el fin último. El mismo Marsilio de Padua, en *El defensor de la paz*, sostuvo que "la ciudad está determinada en función de la vida y de la vida buena como su fin". Esta "vida buena" no es sino la vida social de libre cambio y una buena circulación de mercancías.

Poner en práctica el nuevo criterio, maximizando el ren-

---

2. Ibídem, pág. 214.

dimiento y diversificando la producción, llevaría inexorablemente a dividir el trabajo y atomizar a los artesanos. Marsilio de Padua justificó esta división: "como las cosas necesarias para quienes quieren vivir cómodamente son diversas y no pueden conseguirse por hombres de un solo oficio, han sido necesarios diversos órdenes de hombres u oficios para este intercambio [...] Estos diversos órdenes de hombres u oficios no son sino las partes de la ciudad".[3] La vida social, es decir, la vida conjunta de hombres en sociedad, tiene por objeto procurarse las cosas necesarias e intercambiarlas mutuamente. Nada ilustra mejor el optimismo laico del comerciante burgués de los siglos XIV y XV, y el concepto de trabajo gira en torno de esta función social: el aporte al bien común y el bienestar de la comunidad. Pero en esta valoración del trabajo como aporte a la comunidad, los comerciantes y los cambistas se llevaron la mejor tajada, tanto en retribución económica como en dignidad y estatus político. La nueva ideología exaltó la práctica mercantil como la de mayor utilidad social.

De esta forma, el mercader desplazó al clérigo. Y el dinero, como finalidad, reemplazó a la santidad. El trabajo intelectual se hizo extensivo a la actividad económica: leer, escribir y calcular fueron requisitos ineludibles de la vida comercial. Y es "el cálculo, más tal vez que la racionalidad deductiva, lo que domina esta cultura laica.[4] La moralización del intercambio "dignifica los saberes destinados a aprovecharlo".

Si el mercantilismo fue el puente tendido entre la Edad Media y el Renacimiento, diversos factores contribuyeron a dejar atrás el mundo medieval. La formación de Estados nacionales, destinados a romper con los estre-

---

3. Citado por Mairet, Gérard, "L'Éthique...", ob. cit., pág. 219.

4. Ibídem, pág. 226.

chos límites del feudo y con el poder universalista de la Iglesia, estimuló el apetito de riqueza y de crecimiento económico. Más tarde, los conflictos internos de la autoridad doctrinal, la exaltación del individualismo[5] y del derecho natural, y el naturalismo pragmático, llevaron los problemas sociales a un terreno secular que les daba mayor movilidad. La revolución en la técnica de cultivo agrícola destruyó las bases de la economía feudal, "provocando la sobrepoblación rural, una conmutación creciente de los tributos feudales, el aumento de las deudas de los señores feudales y su necesidad de recurrir al comercio y a nuevos métodos agrícolas para surtir el mercado".[6] El despliegue comercial suscitado por los descubrimientos marítimos cambió la agricultura de consumo por una de mercado, lo que precipitó el proceso de cercamiento de tierras, fenómeno cuyo objeto era dar mayor eficiencia a los nuevos métodos de cultivo y convertir tierras arables en pastizales. En ambos casos, la agricultura se convirtió en apéndice de los mercados ampliados, y este cambio en la estructura productiva expulsó mano de obra de las zonas rurales convirtiéndola en ejército de reserva de trabajo en las ciudades.

La revolución comercial no tardó en cambiar la organización de la producción y el trabajo. El comerciante se convirtió en capitalista al contratar el trabajo realizado por pequeños productores. La subordinación de la agricultura y de la producción artesanal al comercio —y al

---

5. Suele asociarse el Renacimiento con la exaltación del individualismo, pero esta vinculación, según afirma el historiador holandés Johan Huizinga, es la imagen renacentista proyectada por Burckhardt en su obra *La cultura del Renacimiento en Italia*. De hecho, en el Renacimiento el individualismo es "un rasgo entre tantos, que se topa con rasgos completamente contradictorios. Sólo la generalización infundamentada ha podido hacer del individualismo el principio explicativo del Renacimiento" (Huizinga, Johan, "The problem of the Renaissance", en *Men and Ideas*, Meridian Books, Nueva York, 1959, pág. 281).

6. Roll, Eric, *Historia de las doctrinas económicas*, ob. cit., pág. 50.

lucro como finalidad última— minó los valores que mantenían la cohesión en el feudo del campo y en el gremio de la ciudad. El sentido unitario y solidario que caracterizaba el trabajo de la Edad Media, así como sus ideales autárquicos de autoabastecimiento, se vieron rebasados por la expansión geográfica del intercambio comercial y de la actividad cambiaria. Si bien los comerciantes también se asociaban y constituían monopolios como lo hacían los gremios, carecían de ese sentido de familia o de "nueva familia" que era el gremio corporativo, donde el artesano sentía su vida cobijada y justificada por un oficio. El comerciante no era lo suficientemente sedentario para crear colectividades semejantes, ni estaba asociado al dominio de una técnica a aprender de un maestro, ni formaba parte de un proceso productivo en sentido estricto. Por lo mismo, carecía de ataduras que limitaran su sed de lucro con principios de lealtad al grupo o de reconocimiento de jerarquías. Este desprendimiento le permitió hacer de la utilidad, una ética.

La mistificación del dinero, o del oro mismo, llevó a Colón a escribir con entusiasmo: "El oro es una cosa maravillosa. Quien lo posee es dueño de todo lo que desea. Con el oro, hasta pueden llevarse almas al paraíso". La estima del dinero fue constante entre los mercaderes, que identificaban dinero y capital. De allí su renuencia a acumular bienes y su preferencia por el dinero sonante. Por lo mismo, el mercantilismo como ideología tendió a soslayar el contenido humano y distintivo de cada trabajo. Poco interesaría, entonces, el proceso mediante el cual se confeccionan los productos, los valores éticos que acompañan la producción organizada, el esfuerzo creador y la inventiva técnica del artífice. La circulación monetaria en grandes proporciones hizo del trabajo una actividad cuyo valor lo deciden los mercados.

La cosmovisión humanista

El origen del capitalismo fue también el de la consideración abstracta del trabajo como un valor de cambio entre otros. Pero en el Renacimiento la exaltación humanista también elevó el trabajo al rango de actividad creadora. El humanismo del Renacimiento, que se origina en una reinterpretación de los valores grecorromanos para oponerlos a la doctrina eclesiástica medieval, destacó como valores supremos del hombre la razón y la voluntad. El hombre es *voluntad racional*, capaz de conocer y dominar la naturaleza. La idea cristiana del señorío sobre la tierra reaparecería en el humanismo con una connotación antropocéntrica e individualista. Lo que aquí se exaltaba era el señorío humano sobre el mundo; y si el hombre es tal en cuanto libremente diseña sus fines, si él modela las cosas y su orden, si domina la naturaleza y el destino, es libre y responsable para conocer y crear, y también para el trabajo.

Así, en la noción de "voluntad racional" se unificaron el pensar y el hacer, tal como iban unidos en el comerciante. A diferencia de los griegos, los hombres del Renacimiento unieron el conocimiento científico al perfeccionamiento técnico, y nada lo expresa mejor que las palabras de Leonardo da Vinci: "El hombre es ojo abierto sobre el mundo; no sólo lo abraza y lo mide, no sólo usa de él y lo goza, sino que sabe vencerlo y lo domina". En su utopía, el renacentista Tommaso Campanella une por fin el trabajo manual y trabajo intelectual. La nueva ciencia de la naturaleza, que desde Copérnico, Galileo, Bacon y luego Newton formaron la columna del pensamiento positivo moderno, nutre y se nutre de la técnica; ésta no se reduce a la mecánica aplicación de principios inmediatos y al uso de herramientas, sino que se convierte en investigación de esos mismos principios, en búsqueda de mayor bienestar y dominio. Los siete mil esbozos técnicos de Leonardo, su concepción de puentes transportables, bombas de succión, cañones de treinta y tres disparos, espoletas graduadas de tiempo, granadas de mano, bombas de gas, aviones, paracaídas, submarinos, pasos sobre y bajo nivel, etcétera, son algo más que la *tekné* de los griegos o el *ars mechanica* de los romanos.

La teoría heliocéntrica de Copérnico, el concepto de infinito en Giordano Bruno, la teoría del movimiento de Galileo y la filosofía de las ciencias de Francis Bacon ensancharon la visión del cosmos, echaron por tierra las limitaciones doctrinarias impuestas por el Dogma de la Iglesia y le proporcionaron al ser humano una ilimitada confianza en sus capacidades de conocimiento y de dominio del mundo. La máxima de Bacon, "saber es poder", lo dice todo. Y no escapaba a Bacon la justificación moral: el hombre, afirmó, ha perdido por el pecado original el poder sobre la naturaleza; nosotros debemos ahora recuperarlo por la "gran renovación". Esta renovación es alianza de ciencia, técnica y trabajo humano.

Del mismo modo que razón y voluntad, saber y poder, ciencia y técnica iban unidos en el modelo renacentista, para Campanella, en su utópica "ciudad solar", saber y trabajo formaban ámbitos inseparables. En esta sociedad ideal no había divorcio entre el trabajo manual y el intelectual, y se trataba de adaptar la clase de trabajo a la capacidad de cada cual. "Ninguno entre los solares, dice Campanella, tiene como vileza servir en la mesa [...] cuando alguien es llamado para cualquier trabajo lo hace como cosa honradísima, y no tiene esclavos, porque se bastan a sí mismos, aun se sobran".[7] Y en la república so-

---

7. Citado por Battaglia, Felice, *Filosofía del trabajo* (traducción: Francisco Elías de Tejeda), Revista de Derecho Privado, Madrid, 1955, pág. 96.

lar de Campanella, dado que todos trabajan, son mucho más cortas las jornadas laborales de cada uno y deja a todos tiempo para la actividad espiritual e intelectual, el goce de la vida y el descanso. Como Giordano Bruno, Campanella valoraba el reposo y la quietud que el trabajo era capaz de generar y, de paso, valoraba el trabajo que lo generaba. Bruno exaltaba el ocio en tanto consecuencia del trabajo, y exaltaba el trabajo en tanto genera reposo y quietud; Campanella exaltaba la compensación física y psicológica por el esfuerzo del trabajo: tiempo para descansar, pensar, contemplar y gozar. "Entre los solares", dice Campanella, "repartiéndose a todos los oficios y las artes y las obras, nos toca fatigar cuatro horas para cada uno; si bien todo el resto es aprender gozando, disfrutando, leyendo, enseñando, caminando y siempre con placer".

La pena del trabajo se soportaba por la satisfacción de hacer un servicio colectivo. Lo mismo sostenía el comerciante respecto de su actividad: contribuye a incrementar la riqueza de la ciudad. La utopía de Campanella combinaba, de rara manera, el optimismo pecuniario y social de los burgueses, el sentimiento corporativo del artesano medieval y el carácter constructivo del ocio en Platón. No obstante, ni su ciudad solar ni la *Utopía* de Tomás Moro fueron proyecciones mistificadas del mercantilismo, sino por el contrario, reacciones críticas de pensadores cristianos que, temerosos de la atomización social que podía desencadenar el capitalismo comercial, reivindicaron, mediante el ejercicio utópico, el concepto cristiano de la comunidad orgánica.

Si el mundo corporativo de los gremios medievales contenía un sistema de regulación de precios y una estructura monopólica, era para evitar la competencia que el capitalismo manufacturero no tardaría en convertir en ley. Si el precio de la seguridad del trabajador del medioevo era renunciar a parte de su libertad, el precio de la libertad del trabajador, desde el siglo XVI, sería convivir con la inseguridad en su trabajo, siempre minado por los vaivenes en los mercados.

El espíritu individualista de la nueva burguesía acabó con el espíritu corporativo medieval. El trabajador asalariado, privado de la propiedad de sus instrumentos de producción, dependería en adelante del espíritu del empresario burgués. A este empresario, "sentimientos como el apego del labriego a su suelo y al hogar, o el honor profesional del menestral, le son extraños, pues sólo cultiva la energía y la disciplina aplicada al trabajo, y se cuida de adaptar muy claramente los medios por conseguir el fin propuesto".[8]

El nuevo tipo de hombre, el hombre económico, caracterizado por la fuerza motora, expansiva y dominadora del dinero, fue la versión mundana del hombre conocedor y dominador de la naturaleza invocado en el ámbito de las ciencias y la filosofía. En palabras de Alfred von Martin: "El mismo espíritu que en lo económico quebranta el principio medieval que se limita a la satisfacción directa de la necesidad y lo sustituye por una actividad adquisitiva ilimitada, actúa en lo político, donde un régimen abierto transforma aquel sistema rígido y preestablecido, en el cual el Imperio y el Papado aparecen como focos de una figura elíptica. En el terreno especulativo se manifiesta el mismo proceso, y el pensamiento antes teocrático, eclesiástico y cohibido, se emancipa en un sentido puramente individualista y humano, como pensamiento libre, de individuos que cooperan en un proceso infinito. Ya no se circunscribe la actividad del pensamien-

---

8. Von Martin, Alfred, *Sociología del Renacimiento* (traducción: Manuel Pedroso), FCE, México, 1946, pág. 23.

to a satisfacer ciertas necesidades espirituales o educativas, sino que es más bien ostentación de personalidades, que actúan como movidas por una fuerza interna, donde el producir (producir conocimientos, como el artista produce obras de arte y el capitalista bienes económicos) tiene un valor propio, que se aprecia como obra y testimonio de una personalidad creadora. Al intelectual moderno se lo puede caracterizar como empresario individualista".[9] La mentalidad de conquista que Maquiavelo concibió como esencia del espíritu del *príncipe*, del gobernante, se dio en el plano económico como conquista de nuevos mercados; en el plano científico, como conquista de conocimientos y de la fuerza de la naturaleza; en el plano filosófico, como exaltación del hombre ante todas las cosas. Pero junto a esta conmutabilidad de espíritu mercantil y reflexión intelectual, se registró la tendencia al desprecio mutuo. Boecio miraba con desdén a los propietarios, pues consideraba que no van más allá de sus intereses materiales, mientras a los comerciantes habrían de parecerles ridículas las "pomposas arengas de los humanistas".

El paso del capital-tierra al capital-dinero generó una noción nueva del tiempo. La riqueza del suelo tenía un carácter estático y extensivo, mientras el dinero debe imponer un dinamismo intensivo: cuando cesa de moverse,

---

9. Ibídem, pág. 64. En cambio, Johan Huizinga afirma que el Renacimiento es mucho más rígido y menos "moderno" de lo que suele decirse pues "su espíritu es en extremo normativo, y busca criterios eternamente válidos de belleza, gobierno, virtud o verdad. Tome uno a Maquiavelo o Durero, a Ariosto o Ronsard, todos ellos buscan sistemas de arte o conocimientos impersonales, cuidadosamente delimitados e inequívocos. Ninguno considera la inaccesible e inefable espontaneidad del hombre" (Huizinga, Johan, "The problem of the Renaissance", en *Men and Ideas*, Meridian Books, Nueva York, 1959, pág. 271). Pero ello no desmiente la esencia creadora del espíritu renacentista; simplemente se enmarca en un cuadro normativo, que sirve a fines pragmáticos y busca la legalidad intrínseca de las cosas para poder dirigirlas con la "voluntad racional".

deja de ser un capital. El dinero encarnó la concepción dinámica de Galileo e impuso un ritmo inusitado a la actividad económica. Con ello, el tiempo se convirtió en valor. Desde el siglo XIV, las campanadas de los relojes marcan el pulso en las ciudades italianas, como para recordar que el tiempo es un bien escaso. No sólo se administra el dinero, también se hará preciso administrar el tiempo. En una economía natural y de consumo directo, como la de la Edad Media, el tiempo, al igual que los otros bienes, se gasta; en cambio, en una economía donde el capital dominante es el dinero, el tiempo, más que consumirse, debe ahorrarse. Los alcances culturales y psicológicos de esta nueva dimensión del tiempo no es algo que corresponda evaluar aquí, pero no está de más constatar que el nuevo concepto de tiempo —tiempo que hay que administrar, prever, ahorrar— ha sido en los últimos siglos un importante motor de crecimiento económico a la vez que un determinante de comportamientos y de formas de organizar la vida personal.

La nueva mentalidad que acompañó a la ética mercantilista renovó también el concepto de *virtud* que tanto peso filosófico y político tuvo en la Antigüedad clásica. *Virtuoso* será ahora el empresario audaz, impetuoso, emprendedor, embriagado con la soberbia que la moral cristiana había condenado por siglos. El comerciante o financista próspero del Renacimiento se consideraría virtuoso al desarrollar sus actividades y regirse por normas racionales calculables. Para Leon Battista Alberti, modelo de hombre renacentista, la prosperidad es la recompensa divina por la buena dirección del negocio, que ha complacido a Dios: "tal es el espíritu religioso del capitalismo, en el que se admite, manteniéndose en la más pura ortodoxia, una especie de cooperación entre la *grazia* y la propia habilidad, y se considera la 'gracia' como una contraprestación, a la que se tiene derecho contractualmente por la propia prestación".[10] La subordinación de la religión a esta nueva *virtud*, a esta ética de los negocios, será más tarde invertida por Calvino, para quien los negocios son un buen servicio a Dios y no viceversa. El concepto de virtud entendido como *espíritu de empresa* colocó en la actividad lucrativa la voluntad de dominio sobre la naturaleza —voluntad que impregnaba el espíritu científico del Renacimiento—. Y fue un primer pilar ético para el discurso capitalista que definió la modalidad de trabajo en los siglos siguientes.

Si bien la influencia de las ideas humanistas tuvo, en el siglo XVI en Italia, el efecto de atemperar esta ética mercantilista, y si bien el burgués de los siglos XIV y XV atenuó su febril actividad maximizadora de beneficios para compartir, en el siglo siguiente, los encantos de la vida cortesana, el proceso de ruptura con el orden del Medioevo fue irreversible. A punto tal, que el protestantismo, movimiento popular que en apariencia constituía una reacción contra la alianza entre la Iglesia y los nuevos agentes económicos empresarios, terminó por legitimar, en la doctrina calvinista, el espíritu empresarial capitalista. Las connotaciones que habría de adquirir el concepto de trabajo en los ideólogos de la Reforma tornarán a este concepto tan ambivalente como el de Santo Tomás, pero con características totalmente distintas.

---

10. Ibídem, pág. 35.

V | Profesión y eficacia del trabajo en la ética protestante

Lejos de ser una tendencia modernizadora que acompaña la gradual elasticidad de la Iglesia católica frente al capitalismo comercial, la Reforma protestante fue mucho más consistente con la moral de contención que con el individualismo renacentista.[1] La Reforma reaccionó contra la creciente tolerancia eclesiástica frente al espíritu laico del capitalismo comercial y de la vida en las cortes renacentistas. Con la Reforma protestante, la restricción moral se desplazó de los estatutos institucionales a la conciencia de cada individuo, pero esto no implicó un incremento en la libertad individual. Por el contrario, el sacerdote implacable que Calvino sembró en la conciencia de sus seguidores tuvo por objeto hacer de cada persona un sacerdote mundano, un hombre de trabajo y familia, y a la vez un individuo de rígidos principios morales cuya transgresión no osaría siquiera plantearse.

La Reforma surgió como un freno a la laxitud doctrinaria de la Iglesia, pero no se constituyó en un obstáculo

---

1. Véase al respecto Von Martin, Alfred, *Sociología del Renacimiento* (traducción: Manuel Pedroso), y Huizinga, Johan, "The problem of the Renaissance", en *Men and Ideas*, Meridian Books, Nueva York, 1959.

al espíritu económico y a la acumulación de capital. Si las ideologías son ambivalentes en sus nociones del trabajo, ninguna tan ambivalente como la Reforma. A la vez que constituyó un traspié en el camino a la flexibilidad moral (y a la autonomía propia de la moral burguesa), fue, por otros aspectos de su contenido, un poderoso fundamento doctrinario para el desarrollo del capitalismo.[2] La original forma en que la doctrina de la Reforma compaginó la subordinación al mandato divino con la acción e iniciativa personal, opuso a la ética mercantil-burguesa del siglo XV, que tenía la ganancia como finalidad, otra ética que, aunque religiosa, va a valorar aun más el proceso de acumulación capitalista. Si, para los burgueses de los siglos XV y XVI, Dios era un aliado estratégico en los negocios pero nunca el fin de éstos, para Calvino es impensable una actividad mundana que no tuviera a Dios como finalidad última.

En las páginas siguientes nos interesa rastrear, con Max Weber, "la influencia de ciertas ideas religiosas en el desarrollo de un espíritu económico o el *ethos* de un sistema económico en la conexión del espíritu de la moderna vida económica con la ética racional del protestantismo ascético".[3] A partir de esta relación, podrá comprenderse el concepto de trabajo latente en la tradición del protestantismo y su relación ambivalente con el concepto típicamente capitalista de trabajo, entendido este último como racionalización productiva o factor de producción.

Weber insiste en que la Reforma no elimina el con-

2. Véase Weber, Max, *La ética protestante y el espíritu del capitalismo*, donde se muestra la estrecha ligazón entre los contenidos ideológicos de la Reforma y la acumulación capitalista, sobre todo hasta el siglo XVIII. El análisis de Weber será, en este capítulo, el eje de nuestro desarrollo.

3. Weber, Max, *The protestant ethic and the spirit of capitalism*, George Allen and Unwin Ltd., Gran Bretaña, 1952, pág. 27.

trol eclesiástico sobre la vida diaria, sino que "repudia el control excesivamente blando [...] en favor de una regulación de toda la conducta que, penetrando en todas las ramas de la vida privada y pública, fue una carga infinita...".[4] Para comprender cómo se combinan el ascetismo y la piedad eclesiástica con la participación en la adquisición capitalista, es decir, para comprender cómo "un extraordinario sentido de inversión capitalista se combina en las mismas personas y grupos con las formas más intensas de piedad que penetra y domina sus vidas",[5] será preciso subrayar algunas características doctrinarias subyacentes en el protestantismo.

El principal nexo entre el protestantismo y el espíritu del capitalismo lo establece la doctrina calvinista de la predestinación[6] que encarna en la *Westminster Confession* de 1647 y que marca las confesiones protestantes: "Para revelar su majestad, Dios por su decreto ha destinado (predestinado) a unos hombres a la vida eterna y sentenciado a otros a la eterna muerte". Dios es, a los ojos de Calvino, absoluto poder, y los hombres deben dedicarse por entero a honrarlo. Elegidos o condenados de antemano, todos deben bregar para aumentar la gloria de Dios en el mundo, cada cual en su actividad. El trabajo social del calvinista no tiene otra finalidad que ésa, y el amor al prójimo debe servir para la gloria de Dios, no para la criatura. De allí, el calvinismo desprende el imperativo de cumplir con las tareas profesionales impuestas por la ley natural. El trabajo

---

4. Ibídem, pág. 35.

5. Ibídem, pág. 42.

6. Según la doctrina de la predestinación, un pequeño grupo de elegidos entre los seres humanos está "tocado" por la gracia y, con ello, goza de la vida eterna, mientras el resto está condenado de antemano a la muerte eterna. No hay, frente a la predestinación, nada que el ser humano pueda hacer para alterar su destino.

profesional [7] es un servicio más, y es también la "mundanización" del servicio eclesiástico. El trabajo al servicio de la utilidad social impersonal tiene para el puritano un carácter divino, pues promueve la gloria de Dios, que es voluntad del mismo Dios. Si la racionalidad social es querida por Dios como parte de un cosmos armónico, el trabajo que opera dentro de tal racionalidad es sustituto del servicio monástico.

Para el calvinismo, la doctrina de la predestinación divide a los hombres en elegidos y condenados, y niega toda conmutabilidad entre ambos: se nace elegido y agraciado a la vida eterna o se nace condenado. Pero la doctrina exige, en contrapartida, dos requisitos: 1) que es deber absoluto considerarse elegido y combatir toda duda, considerada ésta como tentación demoníaca, pues la falta de autoconfianza es falta de fe, y por lo mismo, es gracia imperfecta; 2) que es recomendable, como medio más propicio para alcanzar esta autoconfianza de ser elegido, una intensa actividad productiva. Esta exigencia se debe a la desconfianza de Calvino en toda emoción y sentimiento; la fe debía ponerse en evidencia "por sus resultados objetivos, a fin de suministrar un sólido fundamento para la *certitudo salutis*",[8] y convertirse así en una "fe eficaz". En contraste con las obras de amor, el servicio caritativo y el aporte al bien común promovidos por el catolicismo, la fe eficaz de Calvino se traduce en signos y muestras individuales, hechas para ratificar al propio ejecutor. No hay allí elemento solidario alguno.

Aunque insuficientes para alcanzar la bienaventuranza, las buenas obras, producto del trabajo humano, son

---

7. Por *profesión* entendemos, en el sentido luterano y calvinista de la palabra, la vocación personal, concebida como llamado divino a desempeñar tal o cual trabajo (véase Weber, Max, *The protestant...*, ob. cit.).

8. Weber, Max, *The protestant...*, ob. cit., pág. 114.

indispensables como signos de gracia. La realización de buenas obras permitiría saber si somos elegidos y poseedores de la gracia, lo que "en la práctica significa que Dios ayuda a quienes se ayudan a sí mismos [...] el calvinista se crea, así, su propia salvación, o al menos la convicción de ello".[9] De este modo, la doctrina de la predestinación obliga a redoblar los esfuerzos en la actividad generadora de "buenas obras": el trabajo se convierte en la ratificación de la propia gracia.

Curiosamente, la predestinación no nos lleva a cruzarnos de brazos sino, por el contrario, "a un autocontrol sistemático que en todo momento nos pone ante la inexorable alternativa: elegidos o condenados".[10] La maratón impuesta por la necesidad de confirmar, a cada momento, el rango personal ante la determinación de Dios, hace de cada hombre no sólo un sacerdote para su propia conciencia, sino también un trabajador incansable y nunca del todo satisfecho. Siempre serán escasas las pruebas que puedan acumularse para comparecer ante el juicio de la propia conciencia, e insuficiente el trabajo que pueda realizarse en la producción y promoción de buenas obras. Los luteranos se opusieron con firmeza a este principio calvinista, pues contrariaba la visión que ellos tenían del trabajo como *remedium peccati*.[11]

Hasta aquí se destaca una valoración a la vez negativa y positiva del trabajo en la doctrina calvinista. Negativa, porque el trabajo nunca es condición suficiente para la posesión de la gracia; positiva, porque es siempre condición necesaria para la certeza de ser un elegido. Años

9. Ibídem, pág. 115.

10. Ibídem, pág. 115.

11. El trabajo como *remedium peccati* equivale a la salvación por medio de las obras. Para el calvinismo, las obras sólo bastan para *saberse* salvado, pero no para salvarse.

antes, Lutero le había asignado al trabajo —*remedium peccati*— un carácter penal y educacional, a partir de lo cual había concluido que todo aquel que pudiese trabajar, debería hacerlo; para Calvino, el trabajo no redime ni modifica nada, pero es el esfuerzo más viable para lograr el éxito y, con ello, la certeza de la gracia.

Lutero condenó como egoísta y carente de efecto humano la vida contemplativa y monástica que evade los compromisos sociales mundanos; Calvino, si bien extendió el deber del trabajo mundano a toda la comunidad, no lo hizo para fomentar el afecto humano, sino la gloria de Dios, para la cual se ha de trabajar "racionalmente", de manera organizada y calculada. Ambos coincidieron en que la finalidad del trabajo no debía ser la ganancia; pero mientras Lutero afirmó que el objeto del trabajo es ganarse el sustento, Calvino sostuvo que su finalidad es generar más y más obras y riquezas para la honra de Dios.

Según Lutero, cada cual debía limitar su actividad laboral a ganarse el sustento, y debía hacerlo dentro de los límites de la profesión para la cual había nacido. A diferencia de Calvino, postuló que cada cual está destinado a una profesión (un *calling* o "llamado"), es decir, a "profesar" una actividad que le manda la naturaleza. Con este argumento condenó la movilidad ocupacional propia del nuevo capitalismo comercial y financiero: tratar de escalar en la jerarquía social mediante el trabajo es, según Lutero, contrariar la ley de Dios; y Dios asigna a cada cual su lugar, siendo aquel que permanece donde ha sido colocado por Dios el que mejor lo honra. La profesión según Lutero era, de esta manera, la forma específica que cada cual tiene para servir a Dios; y la mejor forma es realizando el trabajo "profesional" con el máximo de perfección posible. No hay profesiones más dignas que otras; la dignidad de cada una depende del esfuerzo invertido y del cuidado consagrado de ella. El trabajo, pues, entendido como profesión (como actividad convocada por un llamado divino), sustituye la vida monástica. Si por un lado el principio luterano de la justificación por medio de la fe (principio que Calvino rechaza y considera débil) niega toda autoridad religioso-institucional y permite la emancipación de la vida económica entregada a sus propias leyes, por otro lado la noción de profesión, como sinónimo de vocación o de "llamado", da al trabajo un sentido religioso que lo realza moralmente. Toda ocupación pone de relieve nuestra vocación divina y funde así lo mundano con lo divino.

Tanto Lutero como Calvino rompieron con la idea medieval de que el ascetismo, cuanto más integral, más debía apartarse del mundo. Max Weber parafrasea a Sebastian Frank afirmando que la Reforma convirtió a cada cristiano en monje para toda la vida. A partir de entonces, el ascetismo monástico se trasmutó en rigor profesional. Al afirmar que la fe debe comprobarse en la vida profesional, el calvinismo fue aun más radical que el luteranismo y más útil a la dinámica del capitalismo. Para el puritanismo posterior, sostiene Weber, "la santificación de la vida podía adoptar un carácter análogo a un negocio comercial".

Esta metodización de la conducta ética fue específicamente calvinista. Para el católico, la absolución de la Iglesia era una compensación por sus pecados e imperfecciones, y también para el protestante luterano la vida estaba compuesta por sucesión de pecados, buenas obras, debilidades y méritos. Para el puritanismo calvinista, por el contrario, estas facilidades no debían concederse, y ningún buen obrar podía compensar horas de debilidad o distracción. El Dios calvinista no exigía a sus seguidores obras aisladas o esporádicas, como sucedía con el catolicismo, sino que esperaba de ellos una vida de buenas obras, sin ciclos de pecados, olvidos y arrepentimientos. Así, "la conducta moral de un hombre promedio fue, pues, privada de su carácter asistemático y carente de planificación y sometida a un método consecuente para toda su conducta".[12]

Esta vida organizada constantemente en torno de las buenas obras cambia el "trabajar para vivir" por el "vivir para trabajar". El control metódico que el puritanismo impuso sobre la totalidad de la vida del hombre convirtió a la actividad profesional en un nuevo claustro. El trabajo no sólo fue entonces una constricción vital, sino también moral. El imperativo moral de la eficacia lo convirtió en un esfuerzo sistemático y racional. Aunque esta concepción diste mucho de aquella que encontramos en los textos clásicos de la economía, sirvió como fundamento para una actitud que beneficia el desarrollo capitalista: la racionalización productiva, la actitud sistemática y calculada, el esfuerzo incesante que hace posible la acumulación necesaria para el aumento del capital.

A diferencia del luteranismo, el calvinismo no creía en la conquista de la gracia mediante el arrepentimiento y exigía a cambio la "racionalización sistemática de la vida moral". Esta racionalización de la conducta con fines ultramundanos, concluye Weber, "fue el efecto de la concepción que el protestantismo ascético tuvo de la profesión". Y el fruto de una vida consagrada a la profesión y a la austeridad, fue la acumulación intensiva de bienes de capital, de infraestructura productiva, de dinero destinado a la inversión.

El puritanismo posterior a Calvino fue aun más riguroso. Reprobó el descanso que facilita la riqueza, su disfrute, la sensualidad y ociosidad que hace posibles. El

---

12. Weber, Max, *The protestant...*, ob. cit., pág. 117.

hombre que quiere cerciorarse de su estado de gracia aquí en la Tierra no puede darse descanso, pues la gloria de Dios se aumenta con obras. Desperdiciar el tiempo en algo que no contribuye a honrar a Dios —en la vida social, el lujo, el ensueño, las vacaciones, el mero ocio— es poner en peligro nuestro destino. La concepción mercantil del tiempo se transmuta en la de "tiempo para salvarse", conservando su carácter apremiante, su valoración como un bien escaso y la exigencia de administrarlo maximizando su rendimiento: todo tiempo es poco para servir a Dios. Así, la contemplación inactiva también carece de valor, e incluso es "censurable si se hace a expensas del trabajo diario de cada cual".[13]

La exaltación que el ascetismo puritano hizo del trabajo, su valoración del tiempo como un bien precioso y la austeridad que prescribió como forma de vida, son valores que contribuyeron a estimular la inversión y restringir el consumo y, con ello, fomentar el desarrollo de la economía capitalista en países como Estados Unidos. La doctrina de la profesión abogó también por la especialización y división del trabajo y por la organización racional y continuada de este último. Weber señala que para el puritano la vida que carece de profesión no tiene el carácter metódico y sistemático que exige la "ascetización" de la vida en el mundo. A diferencia de Lutero, para Calvino no importaba que se trocara una profesión por otra; el acatamiento a Dios en lo profesional no implica conformarse con la profesión que se tiene originalmente, sino trabajar de manera racional en ella. Si uno de los fines que el puritanismo adscribió a la profesión fue el provecho económico, optar por una profesión capaz de aportar mayores utilidades es obrar conforme a la moral. Con la riqueza se honra a Dios y, mientras sólo se la consagre a

---

13. Ibídem, pág. 159.

ello, es buena y loable: "El ascetismo laico del protestantismo —señala Weber—, actuaba con la máxima pujanza contra el goce despreocupado de la riqueza y estrangulaba el consumo [...] en cambio, en sus efectos psicológicos, destruía todos los frenos que la ética tradicional ponía a la aspiración de la riqueza, rompía las cadenas del afán de lucro desde el momento en que no sólo lo legalizaba, sino que lo consideraba como precepto divino: la lucha contra la sensualidad y el amor a las riquezas no era una lucha contra el lucro racional, sino contra el uso irracional de aquéllas".

La paradoja del calvinismo radica en que alienta el esfuerzo incesante y, a la vez, la incesante renuncia a los frutos de ese esfuerzo. Con ello se da un nuevo uso a la ganancia: tan pronto se adquiere, se la reinvierte para incrementarla, y así sucesivamente hasta el fin de los tiempos. Esta valoración ética del "trabajo incesante, continuado y sistemático" en la profesión, como medio ascético y como comprobación tangible de la veracidad de la fe, fue un magnífico resorte moral para la difusión de la concepción de la vida implícita en lo que Weber llama "espíritu del capitalismo". Para Weber, el efecto combinado de la autocontención frente al consumo y la exaltación del espíritu de lucro tendrá como efecto la formación de capital. Dado que las utilidades no debían derrocharse, había que invertirlas productivamente, lo que redundaría en una permanente reinversión del ahorro en capital.

De este modo, la conducta racional que el puritanismo propulsó, y que se tradujo en la formación de capitales, fue la antesala del moderno *homo œconomicus*. Las ideas puritanas, claro está, fracasaron cuando el hombre moderno comprendió las posibilidades que le ofrecía su propia riqueza. En la fantasía popular, el peregrino ascético fue sustituido por Robinson Crusoe, el hombre económico independiente que trabaja para sí mismo. De la tradición puritana quedó la actitud que cristalizó en la acumulación capitalista, pero el llamado de la moderna sociedad de consumo —sociedad que el ahorro y la inversión hicieron posible— fue disipando gradualmente el fervor ascético y sustituyéndolo por los valores hedonistas que hoy rigen la vida social y económica del capitalismo.

El calvinismo invita a vivir en el mundo, pero al mismo tiempo a negarlo, a trabajar en él y enriquecerse para hacer de la tierra un reflejo de la majestad divina. Este mandato, con su culto al trabajo y a la riqueza, y su desprecio por el descanso y el placer, establece un precedente de la modernidad. ¿En qué medida subsiste hasta nuestros días esta fiebre de actividad y esta visión peyorativa del ocio, de la distensión y de la recreación? Si bien son cada vez menos los que asocian el trabajo a la gracia y a la predestinación, son muchos más los que, consciente o inconscientemente, asocian el trabajo al bien; el ocio, a la molicie, y consideran un mal uso del tiempo el que lo consagra a actividades no rentables. Esta mentalidad hereda tanto la moral calvinista como la ética mercantil. Ambas vertientes ostentan valoraciones diametralmente opuestas del trabajo (la primera lo considera testimonio de la gracia; la segunda, generador de capital), pero con efectos similares en la conciencia: que el tiempo es oro y hay que utilizarlo de manera productiva por medio de una especialización creciente.

Repitiendo a Weber, es difícil medir hasta qué punto el ascetismo laico impuesto por la tradición calvinista contribuyó a la formación de los grandes capitales durante los siglos XVII y XVIII, llevando el capitalismo a su fase industrial. La fundamentación del esfuerzo sistemático, racional y prolongado en el trabajo, concebido como parte indiscernible de la racionalidad universal impuesta por mano divina, también contribuyó, en un grado difícil de determinar, a la división del trabajo industrial. El concepto de profesión, primero en Lutero y más tarde en Calvino, consolidó ideológicamente el proceso de especialización cada vez mayor del trabajo, con la consecuente fragmentación de oficios en el trabajo fabril y la producción en gran escala. Pero la profesión tuvo para el protestantismo un sentido trascendente. La eficacia de la fe, que Calvino consideró valor indispensable en la vida del buen cristiano, se convirtió en eficacia a secas. Y esta valoración de la eficacia como bien en sí mismo ha contribuido tanto al apogeo como a la manipulación del trabajo moderno.

VI | *Trabajo en el capitalismo industrial: la consagración de la ambivalencia*

El advenimiento del capitalismo industrial

No sólo el ascetismo puritano estimuló la acumulación de capital necesaria para hacer posible la transición del capitalismo comercial al industrial; el propio capitalismo comercial creó condiciones para tal acumulación. La afluencia de metales preciosos americanos a Europa aumentó el circulante, generando un alza en los precios que contribuyó al desarrollo del capitalismo. La renta de la tierra, regulada por la costumbre o por contratos a largo plazo, y la tasa de salarios, fijada por normas consuetudinarias, quedaron rezagadas en relación con la tasa de inflación. A esto debe sumarse "la existencia de ordenanzas municipales o reales que establecían un máximum para la retribución obrera, el debilitamiento de las prescripciones corporativas que protegían a los trabajadores, la concurrencia de la mano de obra femenina y rural, el aumento de la jornada de trabajo, la desorganización de los obreros que aún no adquirían conciencia de sus propios intereses, y el considerable aumento de la oferta del trabajo debido al crecimiento de la población".[1] Todo

---

1. Lagos Matus, Gustavo, *El problema histórico del trabajo*, Editorial Jurídica de Chile, Santiago, 1950, págs. 88-9.

ello cristalizó en una inflación de beneficios que dio gran aliento a la acumulación de capital; esta situación continuó durante el siglo XVIII, y las palabras de David Hume en esa época lo revelan: "La cantidad creciente de oro y plata es favorable a la industria únicamente en el intervalo o situación intermedia entre la adquisición de dinero y la subida de los precios [...] el aumento de dinero acelerará la diligencia de cada individuo, antes de que aumente el precio del trabajo".[2] Así, Hume describe lo que dos siglos más tarde Keynes llamó *inflación de utilidades*, que se realiza a costa del trabajo.

El retraso de los precios fomentó la inversión de ahorro, y de 1740 a 1800 la oferta de capital en Gran Bretaña se quintuplicó. A este proceso contribuyó la política económica de Inglaterra; mediante la expansión del comercio marítimo creó condiciones de ventas en gran escala de consumo, manteniendo así la inflación de beneficios. Por otro lado, "la formación de un proletariado compuesto por campesinos desahuciados de sus tierras en virtud del proceso de los cercamientos del campo inglés, favoreció la emigración a la ciudad y determinó la existencia espontánea de un número suficiente de trabajadores que permitió la agrupación industrial del trabajo".[3] Todo esto creó las bases económicas para el cambio técnico producido en Inglaterra por las innovaciones mecánicas tales como la sustitución de los motores hidráulicos por máquinas de vapor, y de la madera por el coque en la fundición del hierro en los altos hornos.

También fue necesario tomar medidas de orden político que defendieran la libertad de comercio, la que se afianzó en el curso del siglo XVIII. Las compañías regla-

---

2. Citado por Roll, Eric, *Historia de las doctrinas económicas* (traducción: F. M. Torner), Fondo de Cultura Económica, México, 1973, pág. 110.

3. Lagos Matus, Gustavo, *El problema...*, ob. cit., pág. 92.

mentarias, con sus derechos monopolísticos, fueron socavadas por la expansión ilimitada del comercio y la aparición de los comerciantes independientes. A su vez, "la decadencia de la intervención del Estado fue simultánea con la desaprobación del monopolio y el aumento de la competencia".[4] La presión de los progresos técnicos sobre los mercados restringidos de la primera época mercantilista obligó a cambiar las reglas del juego, pues las mejoras técnicas necesitaban de un mercado más extenso para ser lucrativas. Ese mercado lo produjo el propio capitalismo comercial, cuya expansión en el siglo XVIII desbarató las limitaciones impuestas a la competencia y a la vez estimuló la inversión. El desarrollo de la producción industrial no tardaría en echar por tierra las bases del capitalismo comercial, con lo cual podemos afirmar que el comerciante, creando al industrial, se destruye a sí mismo. Fueron, en gran parte, los mismos comerciantes quienes se convirtieron en fabricantes y aprovecharon la oferta de trabajo generada por el éxodo rural.

Ante la creciente complejidad de los procesos manufactureros, fue preciso disponer de capitales más grandes para la empresa industrial. Los artesanos se vieron avasallados por la producción más barata que introdujo el uso de grandes equipos y no pudieron competir con el capitalismo industrial. Debieron renunciar a trabajar con materiales de su propiedad, forzados entonces a operar por encargo de un comerciante dueño de materiales más sofisticados. En el transcurso del siglo XVIII, en Inglaterra, "la mayor parte de la industria ha caído bajo la dependencia del capitalista comerciante que procura a los trabajadores la materia prima, paga los salarios y encuentra un mercado para los productos fabricados".[5] La industria

---

4. Roll, Eric, *Historia de las doctrinas...*, ob. cit., pág. 85.

5. Ashley, citado por Lagos Matus, Gustavo, *El problema...*, ob. cit., pág. 94.

doméstica, es decir, el trabajo de manufactura hecho en domicilio, no tarda en sucumbir ante la presión de las necesidades técnicas, que requieren una división cada vez mayor del trabajo. Al descomponerse el trabajo en un sinnúmero de operaciones de precisión que deben ser controladas, ante "la invención de las máquinas cuya posesión exige grandes capitales y cuyo funcionamiento requiere la presencia en un mismo lugar de los obreros que trabajan en un mismo proceso productivo",[6] se crea la fábrica capitalista moderna. Con este cambio, el capital no sólo hizo de intermediario comercial entre productores y consumidores; ahora concentra a sus trabajadores en un mismo lugar donde controla la fabricación, la calidad del producto, el uso de la maquinaria, el aprovechamiento de los insumos y el máximo rendimiento de la mano de obra. Al mismo tiempo, toma las riendas de los nuevos medios de producción y maximiza sus ganancias combinando los factores productivos de modo tal que pueda competir con mayores ventajas en el mercado.

Además de crear industriales y asalariados, este proceso proporcionó un mercado para el capitalismo industrial. La disolución de los talleres domésticos y la agricultura "de mercado" crearon la demanda propicia para absorber la producción fabril. Sobre la base de este mercado interior, el capitalismo industrial halló la necesaria solidez para volcarse al comercio exterior, fuente de la acumulación que originalmente creó las condiciones necesarias para la formación de capitales. Con ello, el capitalismo moderno ya tenía su rostro. Y al dominar el nuevo sistema productivo, la empresa capitalista alteró radicalmente las relaciones de trabajo, el concepto de trabajo y la situación social del trabajo.

---

6. Ibídem, pág. 95.

Antecedentes ideológicos y políticos

Antes de examinar los efectos del capitalismo industrial sobre el trabajo y sobre el concepto de trabajo, vale la pena considerar las fuentes ideológicas y políticas que durante los siglos XVII y XVIII consolidaron una visión de la sociedad y del ser humano funcional al desarrollo del capitalismo.

Ya en el siglo XVI, Bodino había propuesto a la relación del hombre con el hombre como fundamento de la investigación social, y Maquiavelo había postulado que es la necesidad, y no la virtud, el móvil de las acciones que guían a las personas. Un siglo más tarde, Thomas Hobbes ratificó los principios individualistas y afirmó que el egoísmo es la condición esencial del hombre. La concepción utilitaria en Hobbes (el Estado como institución en la que se concilian los egoísmos particulares), se vio consolidada en Locke, para quien la función del Estado era garantizar la propiedad privada de los individuos. La idea de que el egoísmo mueve a los hombres subyace también en la filosofía política de Locke; y William Petty, a fines del siglo XVII, reconoció la importancia del egoísmo individual, mostrando especial consideración por la propiedad como determinante de la posición social.

La fundamentación filosófica del egoísmo y de la propiedad privada fue la principal contribución de los filósofos políticos de la era del mercantilismo a los intereses del capitalismo naciente. El *homo œconomicus* que habría de definirse un siglo más tarde es un ser esencialmente egoísta —su conducta se funda en maximizar su propio placer—, que opera en el marco de la apropiación privada y que lucha, a la vez, por acrecentarla.

Tanto en Locke como en Rousseau, el contrato social tuvo como finalidad garantizar y regular el Estado natural, y con ello, preservar los derechos individuales y de propiedad que, según Locke, son parte del orden natural. Este último sostuvo que es el trabajo el que, finalmente, legitima la propiedad privada, pues todo lo que el hombre ha extraído de la naturaleza mediante su esfuerzo e industria le pertenece, y es mediante su trabajo como hace de una cosa cualquiera su bien particular y la distingue de lo que es común a todos. En lo económico, Locke se refirió al trabajo como factor que produce riqueza, mientras en lo jurídico sería generador de propiedad. Si para Lutero el ser humano se definía por su profesión, en la visión más mundana de Locke lo peculiar del hombre es lo que posee. El trabajo tendría sentido como la actividad mediante la cual el hombre acrecienta sus posesiones y, con ello, su ser mismo. La primacía de la propiedad individual y la idea de un orden jurídico destinado a protegerla relegan el bien común y ponen en su lugar el individualismo económico propio del capitalismo. En este marco, el trabajo seguiría valorado como medio para un fin que lo trasciende y del cual es artífice: la propiedad.

El nuevo orden laboral

En 1791, la Ley Le Chapelier abolió el régimen corporativo, prohibió el derecho de asociación y proclamó la libertad de trabajo; en el Código Civil napoleónico de 1804 se plasmaron los principios del individualismo jurídico, y el contrato cobró fuerza de ley entre las partes. El Código napoleónico otorgó absoluta libertad de trabajo y de acción para buscar la propia utilidad sin consideración del bien común. Mientras el Código Penal prohibió las huelgas y los sindicatos, se acató la legislación romana en cuanto a considerar el trabajo como cosa, de tal modo que "unos pocos artículos del arrendamiento de obra y de servicios terminan de poner a los artesanos a merced de los patrones".[7]

La disolución gremial liberó compromisos y ataduras jerárquicas de los artesanos. Pero esta emancipación se hizo a costa de una nueva atadura: la del mercado. El asalariado trabajaría ahora por un contrato que firma de libre acuerdo con el propietario del capital, pero son las presiones del mercado y la amenaza de la desocupación los factores a los que se hallará sujeto. Ante esta nueva amenaza, la tendencia natural y espontánea de los obreros fabriles fue, ya a comienzos del siglo pasado, organizarse en sindicatos. Pero también fue tendencia natural del capital promover una legislación que proscribiera la organización de trabajadores.

El obrero tenía entonces libertad de contratación, pero también "se veía forzado por la complejidad creciente de la producción a vender su trabajo en el mercado para ganarse la vida".[8] El gradual proceso de subordinación del trabajo a los designios del capital se consolidó en el curso del siglo pasado con el afianzamiento de la técnica de producción de maquinarias mediante maquinarias. Esta fase de automatización en la Revolución Industrial procuraba, además de la reducción de los costos, separar a los trabajadores del proceso de producción, manteniendo un régimen implacable de trabajo. De modo que las promesas de liberación del trabajo se vieron contrastadas con realidades laborales extenuantes. A tal punto que "la

---

7. Bonnet, *Le droit en retard sur les faits*, citado por Lagos Matus, Gustavo, *El problema...*, ob. cit., pág. 105.

8. Roll, Eric, *Historia de las doctrinas...*, ob. cit., pág. 89.

comparación del esclavo antiguo y el proletario moderno fue fundamental para los filántropos del siglo XIX". Éstos percibieron las relaciones de la seguridad y la libertad como si constituyeran un juego de suma cero. "Con el contrato libre —señala Duchâtel—, nada de sometimiento por un lado, ninguna obligación de protección por el otro: el obrero da su trabajo, el patrón paga el salario convenido; a eso se reducen sus obligaciones recíprocas [...] tal es, por lo tanto, el inevitable resultado de la libertad de trabajo: hace más precaria la condición de los obreros".[9]

Los valores humanistas del Renacimiento y el sentido trascendente del trabajo en la doctrina calvinista y luterana fueron rebasados por un orden socio-económico regido por la antropología individualista-posesiva de Hobbes y de Locke, por una concepción laica del progreso exaltada por los enciclopedistas franceses —el progreso como un bien en sí mismo—, por la prioridad utilitaria de la producción en gran escala, y por la reglamentación impersonal del contrato de trabajo. La mecanización del trabajo, el riguroso control impuesto sobre él en las fábricas y el valor asignado a la eficacia y a la reducción de los costos convirtieron al trabajador en un factor de producción que se adquiere en el mercado a cambio de dinero y, si es posible, a bajo precio. La abolición de los gremios por pronunciamiento legal, en Francia en 1776 y 1791, en Inglaterra en 1814 y 1835, y luego en Alemania y en otros países europeos, produjo un cambio drástico en la asociación entre los hombres que trabajan en tareas similares. Por último, "la teoría individualista en la que la abolición de los gremios se justificó, negó la legitimidad de los antiguos usos entre los

---

9. Citado por Rosanvallon, Pierre, *La nueva cuestión social* (traducción: Horacio Pons), Manantial, Buenos Aires, 1995, pág. 177.

hombres. La temprana aparición del sindicato, a pesar de la oposición legal de su supervivencia frente a numerosos obstáculos, reafirmó una experiencia tan antigua como el tiempo —la fusión moral de hombres asociados físicamente en el trabajo—. La necesidad de crear una unión que expresara la identidad de un grupo de hombres que, trabajando juntos, habían encontrado su propia forma de describir su parte del universo, resultó irreductible, imperiosa. Las necesidades satisfechas durante tanto tiempo por la aldea, la corte feudal, y el gremio, encontraron ahora expresión en una organización diferente. Pero los fines por ser servidos seguían siendo los mismos".[10]

Al disolverse el orden artesanal, se desvaneció también el horizonte de referencia con que el trabajador urbano podía sentir que su existencia productiva estaba dotada de sentido. El trabajo fabril, de libre contrato, sustrajo al asalariado el control sobre el proceso productivo y la posesión de las herramientas de trabajo; y arrojó al trabajador a un mundo anónimo en el cual trabaja para incrementar utilidades de personas que no conoce. La tendencia espontánea a agruparse y organizarse en sindicatos nace de la necesidad de recuperar ese horizonte perdido dentro de un medio totalmente nuevo y que escapa del control de quienes lo trabajan. El sindicalismo surge como una "una reacción contra la atomización social, por una parte, y el divorcio del propietario y el trabajador de su función histórica como agentes morales en la industria, por la otra".[11]

En la sociedad por acciones, tanto propietarios como trabajadores de la empresa carecen de la función que corresponde a quienes se vinculan con los medios de pro-

10. Tannenbaum, Frank, *Filosofía del trabajo*, Del Pacífico, Santiago, 1957.

11. Ibídem, pág. 95.

ducción, a saber, la responsabilidad de administrarlos. El
anonimato toca tanto al accionista como al trabajador,
pues "ambos están sujetos a fuerzas sobre las cuales no
tienen ningún control, ambos deben aceptar una decisión
de agentes a quienes no conocen [...] el temor a la inseguridad individual y el sentimiento de desamparo han dejado profunda huella en la conciencia [...]".[12] Los trabajadores fabriles se agruparon en sindicatos motivados por
un doble interés. El primero, de carácter inmediato, fue
de supervivencia: la fuerza colectiva del sindicato permitía
negociar con el capital en términos menos desventajosos,
y presionar por mejores remuneraciones y condiciones
de trabajo. El segundo interés, de orden mediato, fue de
identidad: la organización colectiva del sindicato ha sido
siempre un vínculo de reconocimiento, una relación de
significación y de identificación, y una forma de tener
mayor control sobre la propia vida. *El sindicato es la desatomización de los pares.* Promueve la identidad productiva que el trabajo fabril tiende a disolver en funciones anónimas.

Una adaptación constante del mercado de la mano de
obra a las necesidades del capitalismo permite contar,
durante la primera mitad del siglo XIX, con ejércitos de
desocupados, salarios de hambre, condiciones insalubres
de vida, explotación en el trabajo de niños y mujeres y
jornadas de trabajo de quince horas diarias. Con la valoración instrumental del trabajo se reproduce parte del esquema grecorromano, pues la gran masa de trabajadores
consagrados al trabajo manual reduce su vida al trabajo y
a la reproducción de sus fuerzas físicas. Aunque la auste-
ra contemplación espiritual tenga por sustituto el afán de
lucro, la división entre trabajo manual y trabajo intelectual es la misma. Lo que sí varía es la división entre traba-

---

12. Ibídem, pág. 98.

jadores y ociosos: en la sociedad industrial quienes hacen uso del ocio, aunque involuntariamente, son los desocupados. No se trata del ocio "productivo" y enriquecedor de los griegos ni de práctica virtuosa alguna, sino de todo lo contrario: el desocupado es quien goza de menos valoración social, y a veces moral, en la sociedad moderna. Por otro lado, la clase opulenta, lejos de ser ociosa, suele ser víctima de su propio mito: el afán ilimitado de lucro y el endiosamiento de las utilidades. Con semejante carga, por más que disponga de las posibilidades materiales para consagrarse al ocio, opta por la actividad. El espíritu competitivo que genera la economía de mercado, la difusa pero persistente herencia de la ética protestante y la mentalidad individualista y "ganadora" del humanismo renacentista hacen del capitalista moderno un hombre muy distinto del aristócrata clásico. El empresario de la sociedad industrial nunca deja de ser, de hecho, un "hombre de trabajo", entregado a la actividad productiva, aunque sea con la mediación del capital que posee y que incesantemente trata de acrecentar.

Trabajo exaltado, trabajo cosificado

La exaltación del lucro y, con ello, del trabajo que lo engendra, se justificó también por la exaltación que los enciclopedistas franceses del siglo XVIII hicieron del progreso. Esta glorificación de la historia, y la convicción de que la humanidad rige su marcha por una racionalidad que la lleva a encumbrarse cada vez más, hizo que los enciclopedistas vieran también en el trabajo el alma del progreso. Combinando el individualismo moderno con la prosperidad material que prometiera la acumulación capitalista, los enciclopedistas saludaron con veneración todo aquello que contribuye a probar el ilimitado poder del hombre sobre la naturaleza. En este contexto, el trabajo que aporta a la acumulación de riqueza y al control de la energía provista por la naturaleza (trabajo agrícola, industrial o mercantil) se sumó al carro entusiasta del progreso.

De la misma manera, el afán de lucro fue considerado un resorte valioso para echar a andar las ruedas del crecimiento económico. Montesquieu exaltaba el trabajo y consideraba preferible el deseo de lujo a la pasividad, pues aquél genera ventajas y empuja hacia las nuevas formas. Voltaire fue, junto a Vico, el primero en identificar la historia con el progreso e hizo del trabajo el imperativo categórico que garantiza la civilización. En la misma época, en Inglaterra, David Hume formuló una apología del lujo, al considerarlo un estímulo a la economía: una casa lujosa, decía el filósofo inglés, aunque se deteriore con el tiempo, ha permitido dar trabajo a albañiles y a fabricantes. También Hume, como Voltaire, identificó trabajo y civilización: mediante el trabajo se superan necesidades y se producen otras, nuevas, específicamente humanas, con lo cual el hombre crea una segunda naturaleza, a saber, la civilización.

La apología del progreso y su consecuente identificación con la virtud transmutó el sentido clásico de esta última. Bernard de Mandeville llegó al extremo de sostener que el vicio es superior a la virtud (tomando la virtud como continencia y el vicio como ambición, deseo, necesidad de ganancia). Sin vicio, sostenía, no hay industria ni comercio. Valoró el lujo como móvil del trabajo, y en su *Fábula de las abejas* afirmaba: "los vicios privados son beneficios públicos". No hay allí rastros de la ética calvinista, aunque ambos, calvinismo y utilitarismo, confluyen en la valoración positiva del afán de lucro. En contraste con el discurso puritano, Mandeville vio en el placer el móvil de la producción y en el trabajo, la fuente del consumo. Este sesgo del utilitarismo inglés en el plano del pensamiento económico es otra contribución de la economía política clásica a la visión hedonista del sujeto. Sin ideal de "virtud", el trabajo queda desprovisto de contenido ético. Pero en la medida en que aporta a la realización hedonística, el trabajo sigue valorado positivamente como medio para algo que lo trasciende. Aquí lo útil hace lo bueno. Todo trabajo, sin distinción cualitativa, es bueno en tanto fuente de riqueza, disfrute y progreso. Extraña mezcla de sensualismo, utilitarismo y racionalismo, que va a hacer posible una valoración cuantitativa e instrumental del trabajo.

Tenemos, pues, hacia fines del siglo XVIII, diversos sedimentos axiológicos que se refuerzan mutuamente para forjar un concepto de trabajo adecuado a la sociedad capitalista. Por un lado, la exaltación del progreso, el endiosamiento del lucro, de la ética puritana y del individualismo surgido de la ética mercantilista. Por otro lado, la visión cosificante del trabajo, como contrato de servicios, como medio de satisfacción hedonística, como factor de la riqueza. De este modo, un abanico de elementos heterogéneos contribuye a una noción ambivalente (¡una vez más!) del trabajo, al mismo tiempo endiosado y cosificado. También en los enciclopedistas franceses hay ambivalencia: la *Enciclopedia* de Diderot y D'Alembert define el trabajo a la vez como condena y como fuente de sociabilidad, como "la ocupación cotidiana a la que el hombre por necesidad está condenado y a la que debe su salud, su subsistencia, su serenidad, su buen juicio y quizás, su virtud".[13]

---

13. Citado por Méda, Dominique, *El trabajo: un valor en peligro de extinción* (traducción: Francisco Ochoa Michelena), Gedisa, Barcelona, 1995, pág. 75.

Tales ambivalencias serán importantes para entender y justificar el trabajo masivo y despersonalizante de las fábricas modernas y de la producción en gran escala. Era preciso endiosar e hipostasiar el trabajo para extraer el máximo provecho de la fuerza de trabajo en las nuevas fuentes productivas; pero también era preciso cosificarlo, reducirlo a mera fuerza de trabajo, convertirlo en una actividad abstracta, cuantificable e instrumental, para adaptar la idea de trabajo a la modalidad de la producción masiva de las plantas fabriles. Al combinar mitificación y reificación del trabajo humano, al reducirlo a mero "capital humano" y elevarlo a "generador del progreso, la riqueza y la historia", se forjaba un concepto ambivalente y operativo del trabajo en la cuna del capitalismo industrial. Las ambivalencias, creadas por la confluencia de fuentes tan dispares como la ética protestante y la mercantil, el hedonismo y el puritanismo, nos dan un importante precedente para entender el concepto de trabajo que emerge en la génesis de la economía política.

El trabajo y la economía política clásica

En su *Histoire des idéologies*, François Châtelet señala la continuidad del pensamiento moderno hasta Adam Smith: "Tal como Descartes, ciento cuarenta años antes [...] inició la concepción moderna de la racionalidad científica como empresa de dominación del hombre sobre la naturaleza, y tal como John Locke, a fines del siglo anterior, definió una nueva noción de la libertad práctica como derecho imprescriptible, del mismo modo Adam Smith puso de manifiesto una evidencia hasta entonces secundaria de la realidad del hombre: el hecho de que es él fundamentalmente un trabajador, y en tanto trabajador [...] es como entra de manera decisiva en la relación social".[14] Bajo la óptica de la economía clásica, la sociedad es básicamente una asociación de productores. La vida económica, fundamento material de la sociedad, tiene, según Smith, un orden interno que "regido por leyes naturales, cuyo normal desenvolvimiento, movido por el interés individual, que es naturalmente bueno, resulta el mejor de los órdenes posibles y produce instituciones benéficas para toda la sociedad".[15] No bien la sociedad aparece creándose a sí misma, en un orden que no se debe a ningún principio metafísico sino tan sólo a una manera racional de organizarse y reproducirse, la economía queda separada de la ética. En semejantes condiciones, el trabajo se rescata como elemento esencial en la producción de la riqueza; pero, carente de horizonte ético, se lo reduce a un bien económico.

La ambivalencia del concepto de trabajo encarna en la economía política fundada por Adam Smith, quien lo concibió como fuente de riqueza (sea trabajo presente o trabajo pasado, encarnado en el capital), pero a la vez lo circunscribe a su aspecto económico, haciendo abstracción tanto de la persona que lo ejecuta como del sentido que esa persona pueda otorgarle. Su teoría del valor-trabajo, a saber, la premisa según la cual la mercancía vale el trabajo en ella depositado, lo convierte en un parámetro abstracto y despersonalizado; a la vez que lo cosifica, lo universaliza y le asigna máxima importancia, pues remite el valor de todas las cosas a él. En tanto toda cosa vale el trabajo que representa, éste, a su vez, sólo representa cosas: "Lo único que le interesa es el hecho de que el

14. Châtelet, François, *Histoire des Idéologies*, vol. III, Éditions de la Hachette, París, 1977, págs. 180-1.

15. Lagos Matus, Gustavo, *El problema...*, ob. cit., pág. 76.

trabajo sea el medio principal para hacer crecer la riqueza. Si hubiera que deducir una definición smithiana del trabajo, ésta sería meramente instrumental: es la fuerza humana y/o 'mecánica' que permite crear valor [...] El trabajo se concibe en los mismos términos en que se describían el tiempo y el espacio en las obras científicas de la época [...] Smith investiga las posibilidades de medir y comparar las cantidades del trabajo mismo [...] El trabajo no es ya sólo *como* el tiempo, *es* tiempo [...] El taylorismo está aquí en ciernes: la idea de un trabajo divisible en unidades simples que pueden combinarse mecánicamente y repartir entre varias personas, tendrá un futuro halagüeño".[16]

Dentro del orden económico que Smith explica y exalta a la vez (orden que supone la consagración del progreso, es decir, de la providencia laica), todo funciona a la perfección: "Mientras cada individuo se esfuerza lo más posible tanto para emplear su capital en apoyar la industria interna como para dirigir esa industria a fin de que produzca el mayor valor posible; en esa medida cada individuo trabaja para aumentar lo más posible el ingreso anual de la sociedad. Generalmente no intenta promover el interés público ni sabe en qué medida lo promueve. Al preferir apoyar la industria interna y no la foránea, lo hace sólo en interés de su propia seguridad; y al dirigir la industria de modo tal que hace a ésta producir el mayor valor posible, no le interesa sino su propio beneficio; y en esto, como en otros casos, obra bajo la conducción de la *mano invisible* para contribuir a una finalidad que no está en sus intenciones [...] Al obrar en pro de su propio beneficio promueve, con frecuencia, el beneficio de la sociedad con más eficacia de lo que realmente quiere

---

16. Méda, Dominique, *El trabajo: un valor...*, ob. cit., págs. 51-3.

promoverlo".[17] La racionalidad de la sociedad reside en los intereses egoístas de los individuos que la componen. No hay visión más opuesta a la de la ética puritana que, un siglo antes, contribuía a estimular la misma acumulación capitalista que Adam Smith concibe como producto del instinto hedonístico del *homo œconomicus*. No hay, tampoco, visión más opuesta a la doctrina del bien común pregonada por la Iglesia: para Smith, si el trabajo de los individuos contribuye al bien común, no se debe a las intenciones de los individuos, sino a esa *mano invisible* (¿racionalidad económica o providencial?) que se encarga de que el egoísmo individual aporte al crecimiento general. No es el bien común el que da sentido al trabajo, sino el egoísmo —móvil del trabajo— lo que hace posible el bien común.

La visión instrumental del trabajo de Adam Smith —y la subordinación del trabajador al capital— es aun más evidente en su tosca teoría del crecimiento demográfico. Según Smith, el proceso de crecimiento generado por la combinación de mayor acumulación de capital y mayor división del trabajo se mantendría mientras el producto per cápita creciera más rápidamente que el consumo per cápita; esto genera un excedente constante, lo cual redunda en una creciente demanda de fuerza de trabajo, que a su vez es causa de crecimiento demográfico. Particular razonamiento, donde el aumento de la población es el efecto de la necesidad de mano de obra por parte del capital. Y en la obra citada de Smith leemos: "Si esta demanda de fuerza de trabajo crece constantemente, la recompensa de la fuerza de trabajo debe forzosamente estimular de tal manera el matrimonio y la multiplicación de los trabajadores, que esta multiplicación puede abastecer la demanda

---

17. Smith, Adam, *An Inquiry into the Nature and Cause of the Wealth of Nations*, vol. I, Cannan, 1950, pág. 421. Subrayado MH.

siempre creciente mediante una población en continuo crecimiento".[18] Y más adelante insiste en que "la demanda de hombres, como la demanda de cualquier otra mercancía, regula necesariamente la producción de hombres; la acelera cuando va demasiado despacio, y la detiene cuando va demasiado rápido".

En estas últimas citas, la economía política clásica revela su visión mecanicista del ser humano y del trabajo humano. Subordinar la reproducción del género humano a la reproducción del capital y, más aún, explicar el crecimiento demográfico como una respuesta a las exigencias del mercado y a la demanda de mano de obra es la piedra de toque para la construcción del *homo œconomicus*. Desde la perspectiva del trabajo, no hay de qué quejarse: la economía política clásica reduce al hombre a su condición de trabajador. Pero a su vez reduce al trabajador a la racionalidad autónoma del mercado (esa *mano invisible* que nos convierte en marionetas felices). Separada de la ética, esta supuesta "ciencia positiva" que es la economía echa tierra sobre el concepto de trabajo sedimentado en la tradición religiosa o el humanismo laico. Será preciso que la filosofía alemana del siglo XIX —primero Hegel, luego Marx— le asigne al trabajo un nuevo sentido.

Encontramos, a fines del siglo XVIII, una modernidad en ciernes. Múltiples son los elementos éticos, ideológicos y doctrinarios que permean la visión del trabajo consolidada al calor del capitalismo industrial. Más aún, distintas combinaciones de estos elementos desembocan en conceptos heterogéneos del trabajo. Es ingenuo pensar que el industrialismo se nutre de (y nutre a) una no-

---

18. Ibídem, págs. 81-2.

ción única de trabajo. Desde la ruptura con el mumdo medieval hasta las humeantes chimeneas de las primeras fábricas modernas, diversos son los flujos y reflujos del pensamiento. El Renacimiento adviene con la independencia del pensamiento respecto del teocentrismo medieval, el desarrollo de un humanismo que levantó figuras tales como Copérnico, Giordano Bruno y Galileo, la exaltación del señorío humano sobre la naturaleza, la alianza entre ciencia y técnica, y el desarrollo paralelo del mercantilismo y de una antropología que sitúa al ser humano como centro, dominador, ente autónomo y creativo. La ética protestante fue al mismo tiempo un regreso teocéntrico a Dios y un resorte para el futuro individualismo productivista. Tras el calvinismo, se pierde el contenido social y comunitario del cristianismo anterior, y en nombre de un Dios infinitamente poderoso se construye un individuo infinitamente racional. Más tarde, filósofos políticos como Hobbes, Locke y Petty pondrán los pilares filosóficos para el concepto de *homo œconomicus* (hombre racional, productivo, egoísta y hedonista) y para comprender lo social como sumatoria articulada de intereses privados. A la idea renacentista de progreso se suma la tradición iluminista, con un énfasis en el desarrollo de la cultura, la razón y la ciencia; por otro lado, la economía política homologa el progreso con el crecimiento económico y la acumulación capitalista.

Difícil evaluar en qué medida éstos y otros desplazamientos axiológicos e ideológicos incidieron sobre la forma en que las personas sentían y definían el trabajo. Difícil evaluar en qué medida existen sincronías o discontinuidades entre estas transformaciones y las padecidas por el trabajo mismo, desde los gremios medievales hasta las fábricas. Pero, sin duda, estas transformaciones (en las cosmovisiones y en los procesos materiales de producción) violentaron el apacible universo laboral —y los referentes simbólicos de ese universo— y obligaron, por lo mismo, a reflexionar en torno del trabajo. Parecería que tras este conjunto de transformaciones resalta una ambivalencia —y una vivencia— fundamental en torno del trabajo, a saber: que éste contiene, simultáneamente, *un enorme potencial de señorío y de servidumbre.* No es casualidad que en los primeros años del siglo XIX Hegel piense el trabajo a partir de las relaciones entre señor y siervo.

Pareciera que en la naturaleza misma del trabajo humano se inscribe esta tensión, y ella se hace explícita en las paradojas que enfrenta el trabajo moderno: exaltado en la teoría, degradado en la práctica; dignificado por la moral, cosificado por la economía política; máximo socializador, máximo atomizador. Marx querrá pensar un trabajo liberado de la alienación, convertido en enorme potencial emancipatorio que realizaría la esencia perdida del trabajo. Pero, al mismo tiempo, no puede desligar el trabajo del "reino de la necesidad" y, por ende, reconoce su sujeción a la escasez y su heteronomía respecto del mundo de objetos con los que debe operar. Tal vez sea precisamente esta tensión la que hace del trabajo un fenómeno inconfundiblemente humano: campo fértil para que el sujeto promueva su autodesarrollo, transforme su entorno, despliegue y construya su identidad, se integre con sus semejantes y potencie sus capacidades; pero, también, fuente de esclavización, de negación de identidad, de privación de libertad, de conflicto social, de atrofia de capacidades y de embotamiento. Sin duda, las condiciones materiales y sociales en que el trabajo se ejecuta pueden contribuir a minimizar la negatividad del trabajo y maximizar su potencia creativa y solidaria. Pero eso no debería movernos a confiar en el día redentor en que trabajo y felicidad sean una sola cosa. Lo humano del trabajo reside, entre otras cosas, en esta tensión y contradicción, en esta elasticidad que lo lleva a ser el mejor y el peor amigo del ser humano.

SEGUNDA PARTE: PROFUSIÓN DE UN CONCEPTO

VII | *Hegel y Marx: de la alienación del concepto de trabajo al concepto de alienación del trabajo*

El trabajo como objeto de reflexión crítica

Con la formación del capitalismo industrial, el concepto de trabajo adquirió, quizás por vez primera en Occidente, un *rango crítico*.

No es casual la importancia que el trabajo adquirió en la reflexión filosófica al compás de la Revolución Industrial. La concentración de trabajadores independientes en los centros fabriles, la masificación de la producción, la subordinación del trabajo al capital, la disolución definitiva de las economías de subsistencia y el hecho de que los trabajadores se encontraron desposeídos de sus instrumentos de producción: todo ello hizo que se planteara con fuerza inédita la pregunta por el sentido del trabajo. Pero la pregunta por el sentido del trabajo es, a la vez, *búsqueda de sentido para el trabajo*. Por otra parte, en la sociedad industrial el trabajo se constituye por primera vez en el medio privilegiado de integración social: "en el contexto socioeconómico de la industrialización y de la división técnica que ella provoca, el trabajo aparece como el mejor medio de encontrar un lugar, su lugar, en la sociedad. La ideología del trabajo, progresivamente, se apoderó de todas las mentes e impuso su condición de normalidad".[1] Se asiste a la difusión del trabajo industrial y de la red de servicios que le siguen, con lo cual el modelo ciudad-industria se convierte en el patrón demográfico-productivo que orienta el orden social, jurídico y político de las naciones. El trabajo se inscribe en el imaginario colectivo como la gran *palanca* del vínculo con la comunidad, de la ciudadanía y del reconocimiento social. Por lo mismo, pasa a ocupar un lugar de privilegio en la reflexión. Sobre todo, cuando esta palanca no funciona tan bien como quisiéramos.

Otro elemento torna más complejo el contexto histórico y filosófico en que surge el concepto crítico de trabajo. Bajo las nuevas formas de producción, el trabajador se desplaza en el universo anónimo del capital, pero, en contraste, una tradición filosófica exalta la actividad humana y la capacidad de dominio y de transformación del ser humano con relación al mundo. El humanismo filosófico del siglo XVI y el idealismo filosófico de los dos siglos siguientes cultivaron una antropología que hizo del ser humano un *fundador* de la realidad; no obstante, el trabajo impuesto por el régimen industrial no pareció acompañar esta visión, sino todo lo contrario. Este ser humano que constituye las cosas ¿es el mismo que, en la actividad económica, está constituido por la fuerza anónima del mercado y del capital industrial?

No faltan, en la tradición idealista, las alusiones al sujeto conocedor y hacedor de la historia. Según Vico, para nombrar al primero, los productos históricos son cognoscibles en tanto son obra del hombre. Para el filósofo italiano, conocer y hacer son actividades indiscerni-

---

1. Paquot, Thierry, "Le devoir de paresse", *Le Monde Diplomatique*, París, 30/4/1999, pág. 36.

bles: el conocimiento es conocimiento productivo, mientras que la producción es producto cognoscente. Esta conmutabilidad entre lo cognoscible y lo productivo es fiel al espíritu del capitalismo naciente, pero a la vez supone un *homo faber* y un *homo cognoscens* que poco tienen que ver con la situación del trabajador industrial. Kant partió de la premisa de que la conciencia imprime su forma a los datos fenoménicos, organiza y legisla el mundo, constituye, relaciona, *hace* el mundo en esta medida. El papel constitutivo que Kant asignó a la conciencia en el orden de las cosas tampoco corresponde con las condiciones de postergación y postración que encuentra en la conciencia del trabajador fabril de comienzos del siglo XIX al subordinarse a un régimen productivo que no controla. Fichte, otro exponente del idealismo alemán del siglo XVIII, centró también lo real en la actividad del sujeto. El yo, al plantearse en el mundo, contrapone el no-yo a sí mismo, naturaleza que se opone al sujeto. Si el yo se considera determinado por el no-yo, se pone como ser cognoscente; si se considera como determinante del no-yo, aparece como sujeto agente. El sujeto es combinación de hacer y conocer, de determinar y determinar-se, en un proceso donde debe superar los obstáculos que él mismo genera para desarrollar su ser en la confrontación con aquéllos. Esta idea de una conciencia que se hace realidad oponiéndose a la realidad y a la vez conociéndola fue el punto de partida para que Hegel abordara el concepto de trabajo. Y mientras en Hegel las ambivalencias que el trabajo (y su concepto) enfrenta en el capitalismo industrial serían, en último término, absorbidas en su idealismo absoluto, en Marx, por el contrario, fueron tensadas al punto de impugnar radicalmente las condiciones sociales y el orden político en que tales ambivalencias se desarrollan.

Martín Hopenhayn

El trabajo según Hegel

Hegel concibió el trabajo como actividad mediante la cual el espíritu desarrolla sus potencialidades y, al mismo tiempo, actividad en que el espíritu deviene algo distinto de sí mismo. Esta paradoja en el concepto hegeliano de trabajo es herencia de la filosofía de Fichte y también de las contradicciones del nuevo orden industrial: el trabajo actualiza y a la vez aliena el ser; sin el trabajo el sujeto no es nadie, pero mediante el trabajo deja de ser lo que era originalmente. Extraña paradoja que toca la esencia del trabajo, tanto en Hegel como en buena parte de la literatura filosófica posterior sobre el concepto de trabajo. *El sujeto, mediante el trabajo, se transforma a sí mismo en su propia experiencia.*[2] La filosofía del trabajo no renuncia a la ambivalencia; por el contrario, la celebra como parte de una dialéctica progresiva: entre el duro proceso de dejar de ser lo que se era, y el proceso reconciliatorio de llegar a ser lo que está contenido en las posibilidades de realización de cada cual, el trabajo opera como causa eficaz.

Hegel encara el concepto de trabajo tal como éste se ha consolidado en la conciencia burguesa, a saber: como actividad humana que genera un proceso histórico, y como rendimiento productivo. Además, "al trabajo como resorte de una dinámica histórica y como rendimiento le asigna un valor positivo. No es un castigo —como se lo considera desde el punto de vista religioso— sino una actividad constructiva en la vida individual y social y, por lo tanto, un momento positivo en la evolución del mun-

---

2. La dialéctica hegeliana es, justamente, "la experiencia que la conciencia hace consigo misma" (citado por Astrada, Carlos, *Marx y Hegel: trabajo y alienación en la "Fenomenología" y en los "Manuscritos"*, Siglo XX, Buenos Aires, pág.16).

do histórico".[3] En tanto fuente de productividad y del
devenir histórico, el trabajo está en la base de las relaciones entre sujetos. En el célebre acápite sobre "señorío y
servidumbre", que Hegel desarrolla en su *Fenomenología
del espíritu*, el trabajo se plantea como decisivo para las
relaciones humanas. En ese apartado, Hegel muestra
"que los objetos del trabajo no son cosas muertas, sino
encarnaciones vivas de la esencia del sujeto, de manera
que al tratar con estos objetos el hombre está tratando, de
hecho, con otros hombres".[4] El siervo, dice Hegel, es
esencialmente un trabajador: su vida *es* su trabajo, y su
trabajo está volcado sobre objetos que no posee. De este
modo, el siervo lleva una existencia que no le pertenece y
está a merced de quienes poseen los objetos de su trabajo.
Como indica Marcuse, en esta situación "la dependencia
del hombre respecto del hombre no es ni una condición
personal, ni está fundada en condiciones personales ni
naturales (o sea, inferioridad, debilidad, etcétera), sino
que está 'mediada' por las cosas... es el resultado de la relación del hombre con los productos de su trabajo".[5] Al
encadenarlo a su objeto, el trabajo hace del siervo una cosa cuya existencia consiste en ser utilizada por otro. De
modo que, mediante el trabajo, el trabajador se forja una
conciencia de sí mismo como dependiente de otra conciencia, la del señor. Pero también el señor se crea una autoconciencia similar en el proceso productivo, pues encarga los objetos que desea sin trabajar en ellos. Satisface
sus necesidades mediante el trabajo ajeno, y su disfrute
depende de su libertad respecto del trabajo o, lo que es lo

3. Astrada, Carlos, *Marx y Hegel...*, ob. cit., pág. 31.

4. Marcuse, Herbert, *Razón y Revolución* (traducción: Julieta Fombona de Sucie), Madrid, Alianza, 1971, pág. 116.

5. Ibídem, pág. 118.

mismo, depende del trabajo del siervo y de que éste le suministre los productos ya acabados. Los objetos de disfrute o de consumo del señor llevan, pues, el sello de quien en ellos ha impuesto su esfuerzo. Así, "cuando manipula estas cosas como propiedad suya, el señor está tratando efectivamente con otra autoconciencia, la del trabajador, el ser a través del cual alcanza su satisfacción".[6] De modo que en el proceso de la relación entre trabajo y consumo, el señor acaba también percibiéndose a sí mismo como un ser dependiente de otro. Lo importante, más allá del señor y del siervo, es que *en la relación donde interviene el trabajo, cada una de las partes reconoce que su identidad la alcanza a través del otro, y que su subjetividad es, mediante el trabajo, intersubjetividad.* Con ello, el trabajo cobra a la vez un sentido positivo y uno negativo. Positivo, porque a través del trabajo el sujeto cobra conciencia de sí mismo en tanto sujeto social, vinculado a otros sujetos; negativo, porque el trabajo es también dependencia de unos respecto de otros y, por lo mismo, queda atrapado en el "reino de la necesidad".

Hegel creyó superar esta dimensión negativa del trabajo y de la alienación en las relaciones generadas por el trabajo, subordinando el trabajo ya al puro pensamiento que se reconoce libre, ya al espíritu absoluto que todo lo subsume. La alienación es, en la dialéctica hegeliana, un momento necesario, productivo y dinámico en la marcha del espíritu. Con ello, el idealismo de Hegel elude las contradicciones específicas del trabajo en los orígenes del capitalismo industrial (al menos, así lo entiende la tradición marxista). Deja pendiente el análisis histórico de la alienación del trabajo, que Marx retomará algunos años más tarde. Será, también, el propio Marx quien reivindicará el aporte

---

6. Ibídem, pág. 119.

de Hegel al sostener que "lo grande de la *Fenomenología*... es que Hegel aprehende la autoproducción del hombre como un proceso, la objetivación como contraste, como alienación y como superación de ésta; y, en segundo lugar, que él aprehende la esencia del *trabajo* y concibe al hombre objetivo, al hombre verdadero, en tanto que hombre real, como resultado de su propio *trabajo*".[7] El ser humano, para Hegel, *se produce en su trabajo*, y esto significa:

–que al generar objetos o tratar con ellos, el sujeto *se hace objetivo* en el trabajo;

–que al hacerse objetivo en su trabajo, proyecta su existencia en el trabajo, es decir, en un mundo donde hay otros sujetos que trabajan o que se relacionan de alguna forma con los productos del trabajo;

–que "hacerse objetivo" mediante el trabajo significa también *alienarse*, volverse otro distinto de sí mismo, depositar la propia existencia y la propia subjetividad en objetos que están fuera de nosotros mismos, hacer de nuestra existencia una *existencia productiva*, que se mide no tanto por sí misma, sino por los objetos con los cuales se vincula y por la forma en que a ellos se vincula;

–que esta alienación tiene una connotación positiva, pues tal como el yo fichteano se pone un no-yo para desplegar su propia actividad, del mismo modo la alienación que implica el trabajo humano es la forma en que el sujeto se puede percibir a sí mismo, darse cuenta de las potencialidades que tiene por realizar y las limitaciones que es capaz de romper.

Otro importante aspecto que Hegel destacó del trabajo es su carácter universal. En la medida en que el trabajo

---

7. Citado por Astrada, Carlos, *Marx y Hegel...*, ob. cit., pág. 55.

es lenguaje intersubjetivo y produce bienes intercambiables entre todos los seres humanos, trasciende las fronteras del individuo aislado y hace de éste un ser genérico y social. Convertido en mercancía, el objeto del trabajo se vuelve universal y escapa del ámbito individual donde ha sido producido. Gracias al trabajo, un objeto cualquiera se transforma en mercancía. Pero "la universalidad transforma también al sujeto del trabajo, el trabajador y su actividad individual".[8] La producción de mercancías hace que los frutos del trabajo no sean frutos para ser consumidos inmediatamente por quienes los producen, sino bienes de cambio que cobran su real dimensión en el mercado. Con ello, poco importan los deseos personales en el trabajo, pues, en una economía de cambio, el trabajo tiene valor como *actividad universal* o, como lo señala Hegel, el valor del trabajo está determinado por "lo que el trabajo es para todos, y no por lo que es para el individuo".[9] Abstracto y universal, el trabajo responde a las necesidades y deseos personales por medio de las relaciones de cambio impuestas por el mercado. Mediante este intercambio, los productos del trabajo se distribuyen entre los individuos al valor del trabajo abstracto. Esta observación de Hegel anticipó el concepto marxista de valor y sus efectos en la distribución, y la función del trabajo en la integración de las distintas actividades individuales dentro del conjunto social donde operan las relaciones de cambio.

Hegel abonaría el terreno a la crítica marxista mediante sus temores respecto del trabajo mecanizado: "Mientras más mecanizado se vuelve el trabajo —sostuvo Hegel—, menor valor posee y más tiene que trabajar el

---

8. Ibídem, pág. 81.

9. Citado por Marcuse, Herbert, ob. cit., pág. 81.

individuo". Y aun más categórico: "El valor del trabajo disminuye en la misma proporción en que aumenta su productividad... Las facultades del individuo se ven infinitamente restringidas, y la conciencia del obrero de la fábrica se degrada al más bajo nivel de la estulticia".[10] De este modo queda negada la autorrealización que debería hacer posible el trabajo. Reducido a su carácter abstracto, despojado de sus peculiaridades individuales y destinado a un intercambio ciego de productos, el trabajo subordina al trabajador a un mundo que él no controla y donde no logra identificar su actividad con el producto de ella. En una economía donde la producción se destina al cambio y donde el trabajo, por causa de la mecanización y de la producción masiva, pierde su especificidad creativa, el sujeto experimenta su negación en la actividad que ejerce. Cierto es que el trabajo, según Hegel, es por su propia naturaleza la forma en que el individuo sale de sí mismo y se proyecta en un mundo que debe transformar y hacer suyo. Pero distinta es la situación en una sociedad de producción mecanizada y destinada al intercambio mercantil, pues en semejantes condiciones ni la actividad ni los frutos del trabajo representan el reencuentro del trabajador consigo mismo. Esta alienación de la actividad y del producto del trabajo será en el joven Marx el centro de análisis de la problemática del trabajo.

El trabajo según Marx

Marx comienza sus *Manuscritos económicos y filosóficos* de 1844 enunciando lo que considera las regulaciones básicas de la relación entre capitalistas y trabajadores, y

---

10. Citado por Marcuse, Herbert, ob. cit., pág. 82.

que por sí mismas determinan una relación de explotación. Concibe el capital como trabajo acumulado, "con la consecuencia de que lo que el trabajo produce es arrebatado en grado creciente de las manos del obrero, que en manera creciente su propio trabajo se le opone como la propiedad de otra persona y que los medios de subsistencia y su actividad se concentran en forma creciente en manos de los capitalistas".[11] En el trabajo de las plantas industriales, señaló Marx, el trabajador erige su propia cárcel. La acumulación del capital aumenta la división del trabajo, la división del trabajo aumenta el número de obreros y, a la inversa, el número de obreros aumenta la división del trabajo, mientras ésta aumenta la acumulación de capital. El crecimiento combinado del capital y de la división del trabajo llevó, según Marx, a que el obrero sea cada vez más dependiente del trabajo (de un trabajo mecanizado, fragmentado, atomizado); a su vez, al aumentar el número de individuos que dependen exclusivamente del trabajo, aumenta la competencia entre ellos y disminuye así su precio. El trabajador cesa de ser hombre y se convierte en actividad abstracta, cada vez más dependiente de las fluctuaciones del mercado laboral y de la discrecionalidad del propietario del capital. Vemos, pues, que las ambivalencias no fueron asumidas por Marx como parte de la naturaleza del trabajo, sino como expresión de contradicciones históricas que éste mantiene con el capital: contradicciones que, según Marx, constituyen aquello que es preciso abolir en la práctica (y no sólo en la especulación) para permitir el desarrollo de las potencialidades humanas a través del proceso social del trabajo.

11. Marx, Karl, *Manuscritos económicos y filosóficos de 1844* (traducción: Rubén Sotoconil); Austral, Santiago, 1960, pág. 7.

Marx señaló en los *Manuscritos* la aguda contradicción de la economía política clásica respecto del trabajo, para la cual, por un lado, "todo se compra con trabajo, y [que] el capital no es otra cosa que acumulación de trabajo" y, por otro lado, "el obrero, lejos de poder comprarlo todo, debe venderse él mismo y vender su identidad humana".[12] En la misma medida en que la división del trabajo aumenta el poder productivo del trabajo y facilita la acumulación del lado del capitalista, empobrece al obrero y lo reduce a factor de producción. El hecho de que la economía política considere esta situación como *lo* natural presupone concebir el trabajo como *fuerza* y al trabajador como *cosa* depositaria de esa fuerza. Esta concepción cosificante del trabajo permitió avalar las condiciones deplorables del trabajo fabril de principios del siglo pasado, con jornadas de trabajo de hasta dieciséis horas diarias.

Extraño contraste entre el desarrollo de las fuerzas productivas y la degradación de la situación del trabajo. En principio, el cambio técnico en la producción debía hacer posible reducir el componente de trabajo, permitirle al sujeto romper con la esclavitud de su cuerpo y proporcionarle tiempo para consagrarse a otras actividades. A mediados del siglo XIX, en Francia se habían reducido significativamente las horas de trabajo diario "medio" por persona requeridas para satisfacer las necesidades básicas de la sociedad, gracias al tiempo ahorrado por la maquinaria. Pero de hecho la duración del trabajo era más extensa que nunca, y su situación, deplorable. "No se ha considerado", advierte Marx "la enorme diferencia que existe entre hombres que trabajan con las máquinas, o *como* máquinas".

---

12. Ibídem, pág. 23.

La crítica que Marx formuló a la economía política no es sino la síntesis de una literatura social ya existente, y que Marx recoge y cita. Así, en *De la misère*, de Buret, leemos: "En lo abstracto la economía política considera el trabajo como una cosa; 'el trabajo es una mercancía'. Si el precio es alto, entonces la mercancía tiene una gran demanda; si el precio es bajo, entonces la mercancía abunda... Esto se hace inevitable en parte por la competencia entre capitalista y obrero, y en parte por la competencia entre obreros. La población obrera, vendedora de trabajo, necesariamente está obligada a aceptar la mínima parte del producto [...] la teoría del trabajo como mercancía, ¿es otra cosa que la teoría de la servidumbre disfrazada?".[13] El capitalista, sostuvo Marx, siempre puede *elegir* comprar la fuerza del trabajo o prescindir de ella, mientras el trabajador está obligado a vender la suya. Esta diferencia condiciona *a priori* la transacción por medio de la cual el trabajador "alquila sus servicios". Esta asimetría se hace patente en el hecho de que el trabajo se destruye por completo si no es vendido continuamente. El trabajador no puede acumular su fuerza de trabajo como si fuese dinero o cualquier mercancía para venderla más tarde en forma "acumulada". En el ínterim perece por inanición, a diferencia de cualquier otra mercancía. El trabajo es vida, y exige, pues, el consumo permanente de alimentos. Concebir el trabajo como una mercancía es, como decía Buret, admitir la esclavitud.

Marx desentrañó el poder del capital sobre el trabajo y lo concibió como dominio del trabajo acumulado sobre el trabajo vivo. Lo peculiar de este poder que ejerce el capitalista es que no depende de sus cualidades personales ni de virtudes o fuerzas individuales, sino del hecho de que posee capital. Su poder es el poder de adquisición

---

13. Citado por Marx, Karl, *Manuscritos...*, ob. cit., pág. 28.

que tiene su capital, con lo cual ratifica los principios de la ética mercantilista nacida tres siglos antes. Una vez que el capitalismo impone su modalidad, debemos considerar que el hombre es esencialmente un poseedor. Esta capacidad de adquisición tiene como objetos el capital y las mercancías que el capital genera, como también esa otra mercancía tan especial que es el trabajo. El derecho inalienable de adquisición, inscrito, según el liberalismo, en la naturaleza del ser humano, habilita al capitalista a adquirir también el trabajo ajeno. ¿Pero acaso el trabajador que vende su fuerza de trabajo no renuncia, al mismo tiempo, al derecho a ser propietario de sus propias energías? He ahí, según Marx, la arbitrariedad del capitalismo. El "poder de adquisición" es patrimonio de los capitalistas, y su contrapartida es la constricción que el sistema impone a los asalariados a vender sus propias fuerzas.

Marx centra su análisis en la consideración de un hecho real. Con la Revolución Industrial, la división del trabajo alcanzó dimensiones inusitadas, lo que sumado a la división capital-trabajo tiene especiales efectos sobre el trabajo. La producción de mercancías, subordinada a la ley del mercado capitalista, niega tanto los talentos individuales como el interés general. El ser humano más se aliena cuanto más reduce su actividad a una función atomizada en esta división social del trabajo y cuanto más despojado se encuentra de los medios y frutos de su trabajo. Si la alienación, tal como Marx la vio, es la condición en la que el sujeto no se reconoce en su medio y en la que se ve privado del despliegue de sus potencialidades (o de la realización de su libertad), el trabajo en el capitalismo industrial asume la forma de trabajo alienado.

Por otro lado, si las mercancías se constituyen en el nexo de intercambio social y el mercado determina las posibilidades de satisfacción de necesidades y deseos del hombre, éste, como ser social, carece de control sobre sus propias posibilidades, siempre dependientes de la regulación impersonal del mercado capitalista y del capital privado que aprovecha el mercado para maximizar sus utilidades. Esto lleva a concluir que tanto el trabajo particular como el interés general se ven negados por el sistema económico. La alienación se hace explícita en sus dos aspectos: como inhibición de potencialidades del sujeto y como el predominio de una estructura que no responde a las necesidades y motivaciones de los sujetos que la componen.

Si el sujeto deviene víctima de las relaciones de producción, su conciencia se aliena tanto como su existencia. En la medida en que trabaja bajo el estigma de la enajenación, se distorsiona también su forma de pensamiento social. Tanto es así, que el ser humano en el sistema capitalista considera el modo de producción capitalista intrínsecamente racional, identificándolo con el orden natural y con el mejor de los órdenes posibles. Esta identificación del capitalismo con la voluntad ejercida por una providencia laica (la *mano invisible* de Adam Smith) es, según Marx, una forma enajenada de pensar que corresponde a una forma enajenada de producción material y de relación social. La desnaturalización del trabajo humano en su subordinación al capital, y el fetichismo de la mercancía, tal como Marx lo expone en las primeras páginas de *El capital*, generan una conciencia alienada que parcializa la visión del mundo social. En este punto se ve con elocuencia la importancia que Marx otorga al trabajo en la vida del ser humano: es la situación social y económica del trabajo un resorte gravitante para las modalidades que asume el pensamiento en una sociedad.

El concepto de trabajo alienado

Al retomar el concepto hegeliano de la alienación, Marx distingue diversas formas de trabajo alienado. Son estas formas, descritas en el capítulo más difundido de sus *Manuscritos* de 1844, las que se examinan a continuación.

Una forma de alienación la padece el trabajador en relación con el producto de su trabajo. En el marco de la economía capitalista, "el obrero se hace más pobre mientras mayor riqueza produce, mientras más aumenta su producción en poderío y extensión. El obrero se convierte en mercancía más barata a medida que crea más mercancías. El *valor creciente* del mundo de las cosas determina la directa proporción de la *devaluación* del mundo de hombres".[14] El objeto que produce el trabajo se le opone al productor como algo alienado, es decir, como un poder que se erige independientemente y *contra* su artífice. Cuanto más produce el obrero, más se acrecienta el poder del capital, más refuerza también la economía del mercado y, por lo tanto, más sucumbe él mismo, como vendedor de trabajo, a los arbitrios del mercado y de los propietarios del capital.

Recordemos, con Marx, que el producto del trabajo es la *objetivación* del trabajo y que esta objetivación o *realización* del trabajo aparece a la vez como una pérdida de realidad para los trabajadores: "la objetivación como la pérdida del objeto y la servidumbre del objeto; la apropiación como enajenación, como alienación".[15] Ya Hegel había establecido la identidad entre alienación y objetivación, pero como un hecho positivo, es decir, como desarrollo del espíritu en la historia. El análisis que hace Marx de la economía política y de la situación del traba-

---

14. Marx, Karl, *Manuscritos...*, ob. cit., pág. 67.

15. Ibídem, pág. 67.

jo también nos muestra la identidad entre objetivación y alienación en el trabajo (el producto es a la vez objetivación y alienación del trabajo), pero con carga negativa. Mientras más se desgasta el obrero, más crece frente a él un mundo que no le pertenece, poblado de objetos cuya posesión le ha sido sustraída. Por eso, afirma Marx, en la vida del trabajador "mientras mayor es su producto, menor es él mismo". En síntesis, "mientras más produce [el obrero], menos tiene que consumir; mientras más valores crea, más desposeído, menos valioso se hace; mientras más perfecto es su producto, más imperfecto se hace el obrero; mientras más civilizado es su objeto, más bárbaro se hace el obrero; mientras más poderoso se hace el trabajo, más inerme se hace el obrero; mientras más ingenioso se hace el trabajo, más torpe se hace el obrero y más esclavo de la naturaleza".[16]

La segunda forma de alienación que Marx considera es la de la *actividad del trabajador*. Si el trabajo tiene como fundamento la gratificación de utilizar conscientemente las fuerzas de la naturaleza, en el trabajo alienado esta realización está negada. En su actividad, el trabajador no encuentra más que la mortificación o el embotamiento. Se siente en lo suyo cuando no trabaja y fuera de sí mismo cuando trabaja. El trabajo sólo adquiere sentido mediatamente, como mero medio para satisfacer necesidades fuera del trabajo. En sus funciones animales —alimentarse, procrear, dormir— el trabajador se siente hombre y en sus funciones más humanas —trabajar— se siente un animal. La alienación de la actividad es inseparable de la alienación del producto: "¿Cómo podría enfrentar el obrero el producto de su actividad como un extraño —pregunta Marx— si no fuera que en

---

16. Ibídem, pág. 69.

el momento mismo de la producción se enajena de sí mismo?".[17]

La negación de sí mismo a través del trabajo remata en un tercer tipo, genérico, de alienación. Al referirse a ella, Marx expone una visión antropológica teñida de hegelianismo: el rasgo esencial de la especie humana —dice— es la actividad vital, que es transformar la naturaleza conforme a una previa representación que de ella se ha hecho en la conciencia. Lo específico de la vida humana es, bajo esta óptica, la actividad libre y consciente: el obrar adaptando la naturaleza a un ideal de vida previamente dispuesto en el pensamiento. Es el *trabajo*, como actividad libre y consciente, lo peculiar de la especie, el *sentido* de la existencia humana.[18] En la medida en que este trabajo, a saber, la *vida misma*, se ha convertido en un *medio de vida*, el sujeto, en su dimensión genérica, niega su naturaleza. Un párrafo del joven Marx es muy elocuente al respecto: "El trabajo, la *actividad vital*, la *vida productiva* misma, aparece ante el hombre como *medio* para satisfacer una necesidad: la necesidad de mantener la existencia física. Sin embargo, la vida productiva es la vida de la especie. Es la vida engendrando la vida. El carácter total de la especie —su carácter específico— está contenido en el carácter de su actividad vital; y la actividad libre, consciente, es el carácter de la especie humana. La vida misma aparece como un *medio de vida*".[19]

Marx advierte también una cuarta forma de enajenación. Lo que se aplica a la relación del sujeto con su trabajo, con el producto de éste, y consigo mismo, es igual-

---

17. Ibídem, pág. 70.

18. En los *Manuscritos* encontramos todavía un lenguaje impregnado de idealismo, con alusión a "esencia humana" y otros conceptos similares que Marx va a dejar de lado en obras posteriores.

19. Marx, Karl, *Manuscritos...*, ob. cit., pág. 74.

mente válido para la relación del sujeto confrontado con otros. Cuando a un sujeto se le enajena su trabajo y el producto de éste, hay *otro* que se está apropiando de ese trabajo y de su producto. La alienación *entre* sujetos, que en el análisis de Hegel encarna en la dialéctica del señor y el siervo, es, según Marx, la consecuencia de la separación capital-trabajo y de la subordinación del trabajador al capitalista. Donde hay enajenado hay enajenador. Tal como el trabajador vive su propia producción como una pérdida de su realidad, engendra a su vez el dominio sobre esa producción por parte de quien no la ha producido. "Al mismo tiempo que enajena de sí su propia actividad, así confiere a un extraño una actividad que tampoco le pertenece".[20] La relación entre sujetos se vuelve relación *extraña* y *entre extraños*; mientras al que trabaja su producto se le *hace extraño*, el que se apropia del producto se relaciona con un *trabajo* que le es *extraño*.

Sólo a partir de la consideración del sujeto como un ser cuyas determinaciones esenciales están dadas por su trabajo (por la actividad, el producto y la situación social de su trabajo) puede hablarse de enajenación y autonegación. Todo el desarrollo de los *Manuscritos* de 1844 gira en torno de ese eje: hablar de trabajo alienado supone considerar el trabajo como fundamento y especificidad en el sujeto; por lo mismo, hablar de trabajo alienado es referirse a la alienación del ser humano como tal. Superar la alienación del trabajo, mediante la abolición del capitalismo, era, para el joven Marx, devolverle a la existencia humana su sentido originario.

El análisis de Marx trascendió las relaciones económicas para dilucidar tras ellas el contenido humano subyacente. La oposición entre el capital y el trabajo tiene como efecto la alienación del hombre respecto del hom-

---

20. Marx, Karl, *Manuscritos*..., ob. cit., pág. 78.

bre: individuos se aíslan y oponen entre sí en la carrera para adquirir mercancías y aumentar el poder del capital. Son, finalmente, las mercancías y el capital quienes regulan las relaciones entre los sujetos y no viceversa. La alienación del ser humano respecto de su propio trabajo lo vuelve un extraño a los ojos de sus semejantes; los individuos participan del proceso social como propietarios o adquisidores, y sus relaciones se confunden con las de los valores de cambio de las mercancías.

En *El capital*, Marx enriqueció el análisis sobre la situación enajenada del trabajo formulado en sus *Manuscritos* de 1844, tomando como punto de partida la teoría clásica del valor de las mercancías. Todas las mercancías, observó Marx, son trabajo humano materializado. En esa medida, encarnan la misma sustancia. En principio, el trabajo es tan diverso como los valores de uso que genera. Cada trabajo difiere de los demás según el objeto que produce y los procedimientos que emplea. Pero si el valor de todas las mercancías depende del trabajo representado en ellas, determinar este valor exige considerar el trabajo haciendo abstracción de su especificidad a fin de convertirlo en una medida cuantitativa y comparativa. De este modo, con la teoría del valor-trabajo el trabajo se ve reducido a la cantidad de fuerza de trabajo invertida en la producción de una mercancía cualquiera, independientemente de la forma, el contenido y la individualidad del trabajo. Será el *tiempo de trabajo*, único parámetro abstracto del trabajo, lo que decida el valor del producto de aquél. Pero el tiempo deja subsistir aun un factor individual, pues hay trabajadores que en un mismo lapso producen más que otros, por diferencias en la capacidad personal o en el desarrollo técnico de los medios de producción que utilizan. Un nuevo grado de abstracción permite reducir estas diferencias individuales: se calcula el tiempo de trabajo promedio según el nivel técnico y las capacidades personales medias vigentes en la producción, es decir, el tiempo de trabajo de productividad media en un momento dado. El valor de la mercancía depende, entonces, del *tiempo de trabajo socialmente necesario para su producción*. De esta forma el trabajo, como generador de valor, queda reducido a un parámetro general abstracto que permite expresar valores de cambio de las mercancías.

Pero tal como cada producto posee un valor de uso y un valor de cambio, cada trabajo es a la vez trabajo concreto y abstracto. El proceso social de producción destinado a generar mercancías —productos destinados al intercambio y que se miden por su valor de cambio— descuida las diferencias de trabajo concreto y sólo retiene como parámetro la cantidad de trabajo abstracto contenido en la mercancía. Marx advierte que esta situación no es una condición natural del trabajo sino la forma específica del trabajo en el régimen capitalista de producción. En este régimen, el trabajador aparece despojado de los medios de producción y del producto del trabajo y forzado a vender su fuerza de trabajo como una mercancía entre otras. Pero de hecho la fuerza de trabajo se convierte en la única mercancía cuyo valor de uso va a ser una fuente de mayor valor que el que posee en ella misma. El valor de la fuerza de trabajo vendida al capitalista equivale a una parte del tiempo durante el cual el obrero trabaja. El resto del tiempo queda sin pagar, pues el capitalista paga por el valor de uso del trabajo y hurta la diferencia producida por el valor de cambio de lo que el trabajo produce. Esta diferencia hace que la relación entre capitalista y trabajador sea de robo o explotación. La libertad burguesa, según Marx, se traduce en libertad para vender o comprar fuerza de trabajo; y la justicia se traduce en justa explotación del capitalista sobre el trabajador. Cuanto más crece el capital privado, más aguda es la explotación del trabajo. Abandonadas a sí mismas, las fuerzas del capitalismo generan el sometimiento del hombre, la miseria y los violentos antagonismos entre clases sociales. La libertad se convierte en negación de la libertad.

En *El capital*, Marx no renunció al análisis de la alienación, sino que lo reforzó con una teoría de la plusvalía y una teoría del mercado y de la explotación del trabajo. Con estos nuevos elementos, Marx deduce una nueva forma de alienación: en el mercado, la reducción a denominador común de los diversos trabajos y de sus productos escapa del control de la conciencia, de los deseos y de las previsiones de productores y vendedores. Todo ocurre "independientemente de la voluntad y de las previsiones de los productores, a cuyos ojos su propio movimiento social toma la forma de un movimiento de las cosas, movimiento que les lleva más allá de lo que ellos pueden dirigirlo".[21] La alienación aquí no sólo es del trabajador respecto de su producto, sino de todos respecto del mercado; este último regula la voluntad de los seres humanos, y no viceversa. Así, las cosas adquieren funciones de personas; las personas, funciones de cosas.

Una de las críticas fundamentales de Marx al capitalismo —como sistema— y a la economía política —como ciencia— es que sólo retiene el carácter abstracto del trabajo, y devora, tras la ley del valor, el trabajo concreto. Cabría preguntarse si el humanismo marxista, con su idea de trabajo alienado, es decir, con el supuesto de una *esencia del trabajo humano* negada tanto por el capitalismo como por la economía política, no reproduce aquello que objeta, a saber, una abstracción. Suponer una esencia

---

21. Citado por Garaudy, Roger, *Perspectivas del hombre* (traducción: Enrique Molina Campos), Barcelona, Fontanella, 1970, pág. 411.

del trabajo humano en virtud de la cual podamos discernir entre trabajo alienado y trabajo libre, podría implicar, una vez más, la omisión del trabajo concreto, la universalidad "vacía".

Marx desentraña contradicciones del sistema al examinar tres formas de fertilización del trabajo humano en el capitalismo industrial: la *cooperación*, la *división del trabajo* y el *maquinismo*. La cooperación, a saber, el trabajo colectivo de personas asociadas en la misma tarea, genera una nueva potencia en el trabajo, multiplicando su capacidad. La fusión de diversas fuerzas en una fuerza común debería permitirle al trabajador "borrar los límites de su individualidad y desarrollar su potencia como especie". Pero en el marco de la producción capitalista el propietario del capital dirige la producción cooperativa y a la vez extrae la plusvalía, condiciones en la que la cooperación engendra su contrario: el dominio. La división del trabajo en el proceso manufacturero es también una posibilidad de la que la humanidad dispone para liberarse del yugo del trabajo, incrementando la producción a escalas sin precedentes. Pero en el esquema de la industria capitalista esta división supone la autoridad del capitalista "sobre unos hombres transformados en simples miembros de un mecanismo que les pertenece". La división del trabajo, condición de progreso y de dominio del hombre sobre la naturaleza, engendra así su contrario: la mutilación del hombre. La división entre trabajo intelectual y trabajo manual aliena al sujeto en un sentido genérico, pues quien ejecuta el trabajo manual ha perdido noción de la finalidad de este trabajo. Son otros quienes planifican, disponen y predisponen, y no hacen más que planificar y disponer. Así, mientras unos piensan y otros ejecutan, los primeros sólo tienen conciencia de los fines pero no trabajan para concretarlos, y los segundos generan productos sin apropiarse del sentido de su acción. La división capitalista del trabajo "desfigura al trabajador, hace de él algo monstruoso al activar el desarrollo artificial de su destreza de detalle, sacrificando todo un mundo de disposiciones y de instintos productores".[22] Por último, el *maquinismo*, que es la condición del dominio del sujeto sobre la naturaleza, convierte al sujeto en víctima de esta segunda naturaleza, producto de la técnica y la industria. La subordinación del hombre al mercado es inseparable del sometimiento del trabajo al régimen que impone la técnica. Acelerando la descomposición del acto humano iniciada por la cooperación y la división del trabajo, el maquinismo "clava para siempre al hombre a una operación de detalle".[23]

Marx opone como alternativa a las formas de producción que alienan a trabajadores y al conjunto de la sociedad, y una vez abolida la propiedad privada, una modalidad que radique en la "asociación de productores". No es tarea nuestra entrar en el análisis de las consistencias e inconsistencias del modelo de sociedad propuesto por Marx. Resulta difícil pensar, en todo caso, que los socialismos reales hayan plasmado órdenes históricos donde trabajo y libertad pudieran encontrar una feliz fórmula reconciliatoria. La imagen que la historia lega del trabajo en las grandes plantas fabriles del modelo soviético, encarna con terrible elocuencia el mito industrialista que inmola las especificidades humanas en el altar de la producción en gran escala. La exaltación de la disciplina obrera y el sacrificio personal en aras de una causa colectiva (pero que a la vez fue más causa del poder central que voluntad general) parecen hoy muy lejanos del ideal de trabajo creativo y libre. Los altísimos costos ecológicos que

22. Ibídem, pág. 406.

23. Ibídem, pág. 407.

emergieron del sistema de producción del bloque socialista tampoco pueden ser muy inspiradores para pensar un modelo de trabajo que permita armonizar la relación del ser humano con su entorno.

Por otro lado, Marx advirtió que el trabajo productivo nunca podrá liberarse por completo, pues pertenece al "reino de la necesidad" y, como tal, está siempre sujeto a la coacción que impone la escasez. El trabajo es indesligable del proceso de satisfacción de necesidades, y la libertad supone justamente la superación de esa limitación. Pero si concebimos, tal como Marx lo hizo, el trabajo como la actividad mediante la cual el sujeto desarrolla sus posibilidades de creación y transformación, no podemos negar la importante dosis de libertad implícita en ella.

La utopía de Marx supone la negación del orden vigente. En relación con el trabajo, deja lugar a cierta ambigüedad. Por un lado, la negación del trabajo asalariado y la asociación libre de productores no niega el trabajo *per se*, sino el trabajo alienado. En este sentido, la utopía —el futuro pleno y distinto— haría posible el trabajo emancipado del yugo del capital, actividad que reconcilia al ser humano con sus potencialidades subjetivas y con sus semejantes. Pero, por otro lado, ese futuro pleno y distinto es la conquista del "reino de la libertad" y la victoria definitiva de la humanidad sobre el "reino de la necesidad", vale decir, sobre la escasez. Marx hereda y profundiza el mito industrialista según el cual el desarrollo de la técnica lleva finalmente a la posibilidad de liberarse del *yugo* del trabajo y confiar a las máquinas las duras tareas productivas. De este modo, el horizonte utópico de Marx se vuelve ambivalente: pues su utopía puede implicar tanto liberar el trabajo como liberarnos del trabajo. Lo deseable puede ser negación/superación del trabajo alienado, o bien negación/superación del trabajo en sí. Esta ambigüedad está en la base de la valoración que Marx hace del trabajo, donde se entremezcla un ideal de trabajo libre con otro ideal del ser libre respecto del trabajo.

Esta ambivalencia del trabajo —trabajo como necesidad, trabajo como libertad— constituye un aporte decisivo tanto del hegelianismo como del marxismo al concepto en cuestión. Tocamos aquí lo esencial en lo relativo al trabajo, no ya a su modalidad en un sistema productivo específico. Es la tensión entre la necesidad y la libertad en el acto del trabajo lo que lo define: el trabajo es a la vez creación y subordinación, conquista y claudicación. El trabajador debe dominar el material con que trata, y a la vez ajustarse a los rasgos propios de ese material. La alienación en el trabajo se agudiza cuando sólo se conserva su aspecto de necesidad, de sumisión, de claudicación, mientras el otro aspecto se ve reprimido por el marco institucional y socio-económico en que el trabajo se despliega. Cierto es que la liberación absoluta del trabajo humano es una utopía. Pero como horizonte utópico, ha contribuido —y seguirá haciéndolo— a idear formas de organizar socialmente el trabajo a fin de minimizar su carácter de carga y de dependencia, y de maximizar su potencial para el autodesarrollo de las personas.

VIII | *Entre la administración científica y la organización del estrés*

En la era de la producción en gran escala, tanto la socialización del trabajo como su subordinación al capital alcanzaron un desarrollo sin precedentes. La historia del capitalismo es, por una parte, la historia de la re-socialización del trabajo —cooperación, división del trabajo, maquinismo— y, por otra parte, es también la historia de la alienación del trabajo. El hecho de que sea ese mismo carácter social lo que aliena y lo que socializa al trabajo, es la paradoja propia del capital.

Hacia fines del siglo pasado, la gradual reducción en las tasas de beneficios de las empresas afectó de manera más aguda a las industrias con más alta composición orgánica de capital. Las presiones del mercado fueron más fuertes que el gran desarrollo tecnológico suscitado para paliarlos. Tanto es así que el capitalismo "entró en su larga depresión de la década de 1870 en el marco de una economía de libre mercado y emergió de ella en 1895/96 en la forma de capitalismo monopólico consolidado".[1] La exigencia de reducción de costos e incremento en la pro-

---

1. Véase Sohn-Rethel, Alfred, *Intelectual and manual labour*, Critical Social Studies, Londres, 1978, pág. 146.

ductividad, provocada por la carrera monopolística, contribuyó a que en 1895 Frederick Winslow Taylor presentara su primer trabajo a la American Society of Mechanical Engineers, colocando la primera piedra para su concepción "científica" de la administración, destinada a maximizar la producción del trabajo y minimizar sus costos. Se instauró, así, una economía de tiempo vinculada al proceso del trabajo en la producción. Porque "cuanto mayor es la utilización de la capacidad de producción en una planta, es decir, cuanto mayor es el número de productos que salen en un lapso de tiempo dado y más rápidamente se amortiza el capital, entonces menor es el costo por unidad de producto y mayor la competitividad de la empresa. La velocidad de operaciones en el uso de una planta cualquiera de una firma es el factor principal en la lucha competitiva por aumentar los beneficios en el marco del capitalismo monopólico".[2]

A estas exigencias responderán la obra de Taylor y los principios tradicionales en las teorías de organización en la producción. La llamada administración científica y, en general, la tendencia a la organización racional y moderna de la producción comenzó en las dos últimas décadas del siglo pasado, coincidiendo cronológicamente con la revolución científico-técnica destinada, mediante el uso sistemático de la ciencia, a transformar con mayor rapidez la fuerza de trabajo en capital. Ambos factores se complementaron y formaron parte de una nueva etapa en el desarrollo capitalista: fueron consecuencia del monopolio y a la vez contribuyeron a consolidarlo.

La filosofía empresarial básica surgida con la estructura de la gran empresa monopólica estipulaba que la mayor productividad justifica mayores salarios siempre que la disminución en la parte indirecta del costo por unidad

---

2. Ibídem, pág. 149.

sea superior al aumento en salarios. En este marco, la economía del tiempo, tal como la introdujo Taylor, desempeña un rol fundamental. A menor tiempo, menor costo por unidad y mayor competitividad. Las consecuencias que esta premisa básica tuvo sobre el trabajo en la era del capitalismo monopólico no serán disimuladas en los textos de Taylor. La importancia del *factor tiempo* se tradujo, en lo relativo al trabajo, en una presión psicológica y física que obligó más que nunca al trabajador a adaptarse a un ritmo que no era el suyo, impuesto por la capacidad de la máquina y por las exigencias competitivas del mercado.

La teoría organizativa impuesta por Taylor, Fayol y sus continuadores llevaron al extremo la concepción del trabajo humano como factor de producción. El modelo de comportamiento humano que dominó esta corriente de la administración "científica" hizo del empleado o del obrero un instrumento pasivo, capaz de realizar un trabajo y aceptar órdenes, pero privado de iniciativas o de influencia.

Este enfoque mecánico-funcional concentró su atención en los valores de productividad, competencia individual y eficiencia en la planta respectiva. Su concepto de autoridad fue absolutamente vertical, derivado de estructuras cuyo modelo es el militar, con la premisa de que es el ser humano quien debe adaptarse a la tarea, y no viceversa. Henri Fayol, en el marco de la tradición tayloriana, señaló que en las empresas "a cada grupo de operaciones corresponde una *capacidad* (y *no* un hombre) especial", y que "la importancia de cada uno de los elementos que componen la capacidad se halla en relación con la naturaleza y la importancia de la función".[3] Se trataba, pues,

---

3. Fayol, Henri, *Administración industrial y general*, Santiago, Editorial Universitaria, pág. 17.

de medir "la importancia relativa de las diversas capacidades que constituyen el valor total de un agente".[4] El trabajador se vuelve función productiva, pues la medida en que puede llenar una función de modo competente diagnostica su capacidad. Si combinamos esto con otro principio de la misma corriente, a saber, que lo más deseable y lo más productivo es la mayor división del trabajo que puede concebirse, entonces esa función que mide al trabajador resulta muy estrecha. La cosificación del trabajo se hace más clara en otro pasaje de la obra citada de Fayol: "La división del trabajo permite reducir el número de objetos hacia los cuales tiene que dirigirse la atención y el esfuerzo. Se ha reconocido que es el mejor medio de utilizar los individuos y las colectividades".[5]

Este sustrato filosófico (o antifilosófico) en que descansa el taylorismo y su visión instrumental del trabajador cristalizó en la mayor contribución de esta corriente a la productividad industrial: el estudio de la relación (o función) tiempo-movimiento en las operaciones. El trabajador deberá ajustarse a una función, tanto en el sentido de "especialidad" como de relación de variables (tiempo-movimiento). Esto convierte al trabajador en *paciente* de funciones determinadas por la administración, y el propio Taylor lo ratifica al afirmar: "en nuestro sistema se le dice minuciosamente al trabajador qué ha de hacer y cómo; y cualquier mejoría que él incorpora a la orden que se le impone es fatal para el éxito".[6]

Para el taylorismo, el trabajador *no debe* estar provisto de una previa representación de fines; el elemento teleológico es considerado más un obstáculo que una propie-

---

4. Ibídem, pág. 19.

5. Ibídem, pág. 34.

6. Taylor, citado por Sohn-Rethel, Alfred, *Intelectual...*, ob. cit., pág. 152.

dad de su trabajo. Asistimos a la negación total de la antropología humanista y también de la aristotélica, ambas fundadas en la facultad de la conciencia para fijarse fines. La exhaustiva división del trabajo consolida también la legendaria división entre trabajo manual y trabajo intelectual, ahora bajo la forma de la dualidad administradores-obreros o gerentes-empleados, o la dualidad entre quienes planifican y quienes ejecutan. Esta división reduce a unos al puro aspecto teórico de planificación y a otros al ámbito práctico-mecánico. La fragmentación del trabajo afecta tanto a los unos como a los otros; pero en lo concreto legitima el traslado del "saber" del trabajador a la gerencia, a la vez que abarata, en términos relativos, el costo —y el *valor*— del trabajador y lo reduce a una somnolencia intelectual vitalicia.

Taylor aduce que con su sistema de administración el aumento de utilidades no sólo es compatible con el aumento de salarios, sino de mutuo condicionamiento. Tal como lo expresan sus ejemplos en su *Shop Management*, la productividad del trabajador debía aumentar en trescientos y hasta cuatrocientos por ciento, mientras su salario debía incrementarse en un sesenta por ciento. El análisis marxista de la plusvalía se ve ratificado por las obsesiones productivistas de Taylor. La reducción de tiempo por unidad de producción será siempre una herramienta para incrementar competitividad y utilidades del capital, y sólo indirectamente puede redundar en un incremento de salarios.

En sus *Principles of Scientific Management*, Taylor indicaba que el trabajador, conforme a su programa racionalizado, debe obedecer las hojas de instrucción minuciosamente elaboradas por el departamento de planeamiento. Estas hojas determinan la función tiempo-movimiento, las herramientas, velocidades adecuadas, y otras variables del trabajo concebido mecánicamente. Ejecutar las órdenes hasta el más mínimo detalle y dejar a un lado todas las iniciativas propias es la premisa que Taylor postuló una y otra vez. Esta valoración obsesiva de la división del trabajo fue consustancial al auge del capitalismo industrial y sobre todo a su fase de producción automatizada, pues de lo que se trataba era de producir más a un costo mínimo a fin de satisfacer las demandas del capital invertido y las exigencias crecientes de un mercado de consumo en constante expansión. El *boom* del *assembly line*, que se esparció desde los talleres de Deatborn hasta las fábricas de todo el mundo, llevó a grados extremos el trabajo de detalle.

La selección de personal, conforme a las pautas de Taylor y su escuela, debía eliminar las individualidades y reducir la fuerza de trabajo a estereotipos. Sólo así podría adaptarse y moldearse el trabajador a la función sin resistencias. La selección de personal tenía entre sus fines eliminar el *awake*, es decir, la lucidez o iniciativa de parte de la fuerza de trabajo contratada. Al tener como objetos supremos la eficiencia en la empresa y la maximización de la rentabilidad, el criterio de selección resultaba eminentemente pragmático (aunque resulte a la larga contraproducente, justamente por el *excesivo* pragmatismo). En ese marco, era preferible la rigidez a la creatividad; y la velocidad, a la iniciativa.

Sobre la base de la influencia monopolística, la gran empresa de principios de siglo conformó perspectivas de venta masiva y, con ello, programas de fabricación a largo plazo. Nació el planeamiento detallado y la extrema división del trabajo entre quienes piensan y quienes ejecutan. En ese marco, la capacidad del obrero resultaba ser un factor secundario en relación con la tarea del planificador. El rendimiento del obrero debía evaluarse mediante un patrón definido: estándares de tiempos, movimientos y producción, determinados por la oficina de planeamiento. La jerarquía en la producción constaba de un pequeño sector que planificaba y un amplio e indiferenciado sector a cargo de ejecutar. La jerarquía por edad y experiencia desaparece una vez que el trabajo se subdivide en contenidos mínimos y mecánicos, y que toda capacitación pierde sentido. Con la nueva modalidad, se aprende en pocas horas el trabajo que antes exigía años de aprendizaje: "observando las fábricas de Ford, el economista Julios Hirsche demuestra que el 43 % de los obreros que trabajaban en ellas tenían una formación de menos de un día, el 36 % de menos de 8 días y sólo el 6 % de una a dos semanas".[7]

Es en la selección de personal donde más se aprecia la desvalorización del trabajador en Taylor, quien afirmaba: "uno de los primeros requisitos para el hombre que es apropiado para tener como ocupación la de manejar hierro en lingotes, es que ha de ser tan estúpido y flemático que en su conformación mental ha de parecerse más a un buey que ningún otro tipo de ser".[8] No es casual que el taylorismo haya tenido acogida entre empresarios fabriles, mientras que fue rechazado unánimemente en el ámbito obrero. La oposición obrera, que calificó al taylorismo en las empresas como *organización del surmenage*, se extendió en Estados Unidos al conjunto de la opinión pública, provocando investigaciones parlamentarias que condenaron el taylorismo. Los trabajadores, mecanizados y extenuados, llevaban a casa los efectos y los proyectaban en la familia, las calles y las relaciones con los

---

7. Ibídem.

8. Citado por Klinksberg, Bernardo, *El pensamiento organizativo: del taylorismo a la teoría de la organización*, Buenos Aires, Paidós, 1975.

demás. Esto confirma la importancia de la situación física y psicosocial del trabajo en otras manifestaciones de la vida de los trabajadores.

El denominado *fayolismo* (corriente que deriva de la obra de Henri Fayol) fue complemento del taylorismo. Mientras éste se abocó al problema de la eficiencia en el taller, Fayol se preocupó más por la administración y dirección. Por más que Fayol haya insistido en la unidad de mando y Taylor en la división extrema del trabajo mediante el nombramiento de capataces, en ambos subyace una visión de la empresa donde sólo existen puestos de trabajo, relaciones, planes y estándares. Ambos operan con una concepción del ser humano como recurso de producción cuyo aporte se compra en el mercado como cualquier otro recurso, y se adapta a los planes previstos constituyendo una pieza más. Con su visión mecanicista, ambos redujeron la organización de la producción a una estructura formal, y fueron indesligables del desarrollo monopólico de la gran empresa.

En una perspectiva de mayor alcance histórico, el taylorismo puede interpretarse como la intersección en que coincide la máxima socialización del trabajo y su máxima subordinación al capital. Con su escrupulosa compartimentación de funciones y su principio vertical de la autoridad, contribuye a enlazar a un gran número de obreros en un gigantesco y único trabajador colectivo. La socialización del trabajo, que debiera constituir el poderío de los trabajadores en la producción, se convierte, con la aplicación del taylorismo, en todo lo contrario. La "taylorización" del trabajo le otorga a la dirección de la empresa los medios para ejercer coerción tecnológica sobre los trabajadores. Este tipo de coerción se hace evidente en el papel que desempeña el *factor tiempo* en la concepción empresarial de Taylor.

Ya en 1903, en *Shop Management*, sostenía Taylor: "el estudio del tiempo sólo es exitoso si nos permite saber exactamente cuánto *debería* tomar, en tiempo, la ejecución del trabajo en cuestión". Afirmaba más adelante que el mejor modo de hacerlo a ciencia cierta es dividiendo el trabajo de los hombres en sus elementos y midiendo así *unidades de tiempo*. Este recurso, que se pretendía objetivo, se convirtió fácilmente en un medio para ejercer mayor presión sobre la fuerza del trabajo, y permitió también aplicar hasta el extremo el concepto atomizado del trabajo, propio de la producción industrial. Ya no sólo se hace referencia a la división del trabajo entre los distintos obreros, sino que también se divide el trabajo de *cada obrero*, descomponiéndolo en pequeñas unidades de tiempo. De hecho, Taylor no extrajo sus medidas de tiempo del rendimiento de los trabajadores, sino todo lo contrario: impuso medidas de tiempo a la fuerza de trabajo. Su estudio de las "unidades de tiempo" por cada fase de producción se tradujo, en concreto, en un cronometraje que le impuso al trabajo un ritmo que le era ajeno. De acuerdo con el análisis de Sohn-Rethel, los conceptos de tiempo y movimiento utilizados en la doctrina de Taylor y en su análisis del trabajo son *categorías tecnológicas*, y no verdaderos términos de trabajo humano. El trabajo taylorizado es pues, "la conversión del trabajo humano en una entidad tecnológica, homogénea con la máquina, directamente adaptable e insertable o transformable en máquina sin ninguna dificultad de conversión. En semejante situación el trabajo no sólo está subordinado al capital en lo económico (es decir, mediante la venta de fuerza de trabajo del trabajador al capitalista), sino también en lo físico y en lo tecnológico".[9]

---

9. Sohn-Rethel, Alfred, *Intelectual...*, ob. cit., págs. 155-156.

Todos estos elementos configuran una visión del trabajo y de la actividad productiva que puede sintetizarse del siguiente modo:[10]

a) Una concepción *formalista* de la empresa. Se concibe la empresa como constituida por un conjunto de puestos, cada uno desarrollando una función, coordinados y jerarquizados en una jerarquía *cargo-valor*.

b) Una concepción *mecanicista* del operario: en cada trabajo hay que desechar las personalidades. Las personas deben acomodarse a las necesidades de la organización, mientras se descarta a quienes carecen de posibilidades para responder competentemente a las exigencias impuestas por los cargos. Las órdenes van en estricto sentido vertical, de arriba abajo, y los informes de tareas realizadas son la única comunicación que va de abajo hacia arriba.

c) Una concepción *naturalista* de la división del trabajo mental y físico: se considera como natural la existencia de dos tipos centrales de individuos en relación con la industria, a saber, individuos con capacidad de reflexión e individuos con tendencia a no pensar. Henry Ford, por ejemplo, consideraba esto como inclinación natural, y afirmaba que "la mayoría de los trabajadores... antes que nada buscan aquellas ocupaciones que no los obliguen a pensar... ".[11]

d) Una concepción *hedonista* de la motivación, según la cual el comportamiento humano resulta del todo previsible: rinde en función de su remuneración.

---

10. Véase Klinksberg, Bernardo, *El pensamiento organizativo: del taylorismo a la teoría de la organización*, ob. cit.

11. Citado por Klinksberg, Bernardo, *El pensamiento organizativo...*, ob. cit., pág. 106.

Hecha esta clasificación, la teoría tradicional o taylorista de la organización se remite a:

1) Delimitar y describir funciones y relaciones organizativas entre funciones, y estructurar líneas de autoridad. La organización, lejos de considerarse una institución social, es una estructura burocrática donde se excluye la consideración de los aspectos informales de la organización (prestigio, atracción social, relaciones grupales, comunicaciones informales, lucha por el poder, etcétera).

2) Considerar al obrero como un recurso más en el aparato productivo, obviando aspectos esenciales de la relación del hombre con su trabajo (fisiológicos, psicotécnicos, y microsociológicos: fatiga, tensión nerviosa, monotonía, adaptación al trabajo y al cambio técnico, influencia del grupo, reacción a objetivos, normas y valores, y otros).

3) Seleccionar y capacitar personal sobre la base de la división entre trabajo manual y trabajo intelectual. La mayoría (ejecutores y operarios) aprenderá por simple repetición mecánica, lo cual elimina problemas en cuanto a selección de aptitudes y vocaciones naturales, posibilidades de desarrollo, aprendizaje y capacitación industrial.

4) Reducir el problema del comportamiento humano en la industria a la relación lineal salario-productividad. Con ello se desconocen otras motivaciones y se desliga lo que el individuo hace dentro del trabajo de lo que es fuera de él.[12]

---

12. Véase Klinksberg, Bernardo, *El pensamiento organizativo: del taylorismo a la teoría de la organización*, ob. cit.

Puede decirse que el taylorismo llevó al capitalismo industrial a su máxima expresión, y llevó también el concepto marxista de alienación del trabajo a su versión más extrema. Coinciden aquí el estadio más crítico del capitalismo (la fase monopólica) con el estadio más crítico en las formas del trabajo propias de la era industrial capitalismo (la llamada administración "científica"). Llevado a este extremo, el trabajo exigirá una transformación de su perspectiva, su definición y su práctica. Un nuevo tipo de pensador-investigador, que podríamos llamar "industriólogo" o "psicosociólogo industrial", va a tomar las riendas en lo que se refiere a las definiciones del trabajo en el contexto de la empresa moderna de producción. El "industriólogo" comenzará por negar y hasta caricaturizar la escuela tradicional de organización empresarial, y a partir de esa caricaturización edificará un nuevo armazón teórico-práctico relativo a la situación y naturaleza del trabajo moderno.

IX El trabajo, analizado por la psicosociología industrial

Un enfoque emergente

Contra el horizonte cerrado del taylorismo surgieron en los últimos sesenta años diversas reacciones desde las disciplinas aplicadas al mundo laboral: psicología industrial, sociología del trabajo, teorías organizacionales y de las relaciones y recursos humanos. El taylorismo fue la versión más descarnada de la racionalización del trabajo en la producción a gran escala; y como tal generó reacciones críticas, provinientes inicialmente de psicólogos y sociólogos. Pero no se trata de sociología o psicología pura, sino de una psicosociología aplicada a la industria y al trabajo en general, que para efectos meramente nominativos llamaremos aquí la "psicosociología industrial". El hecho de que tanto la psicología como la sociología tuvieran rango de ciencia desde los tiempos de Taylor les permitió encarar el problema de la alienación del trabajo en el terreno de la investigación social. De modo que la reacción contra la alienación del trabajo en el último medio siglo, de la que psicólogos, sociólogos y expertos en teoría organizacional han sido los portavoces y conceptualizadores, no ha sido una reacción meramente contemplativa sino que cuenta con el apoyo de material empírico y de innumerables trabajos de investigación. A la luz de esta evidencia, emerge con mayor fuerza la imperiosa necesidad de plantearse el problema del trabajo en el marco de la producción y sociedad modernas.

Pero una nueva paradoja nos sale al paso. Si bien es cierto que la psicosociología industrial nace como crítica del taylorismo y de la alienación del trabajo industrial, en sus orígenes (y aun en el grueso de sus prácticas) los psicólogos industriales son integrados a las fábricas y empresas por los propios empresarios para que eleven el rendimiento de los trabajadores. De esta manera, por lo general el psicólogo del trabajo es contratado para hacer ingeniería social y recibe su salario para cumplir con metas productivas dispuestas por la empresa. Su preocupación por los procesos del trabajo apunta, pues, a adaptar a los trabajadores a procesos que ellos no escogen.

Esta modalidad comenzó en Estados Unidos en el curso de la Primera Guerra Mundial. En 1917 se creó un Comité de Psicología cuyo objetivo era buscar la manera de utilizar los conocimientos psicológicos a fin de seleccionar y entrenar al ejército. Se utilizaron entonces tests de inteligencia para regular el ingreso de reclutas, y se creó un comité para clasificar el personal en base a otras variables, tales como habilidades, educación y experiencia.

El éxito de la psicología aplicada a la selección de recursos humanos hizo que en 1920 la mitad de los psicólogos de Estados Unidos estuvieran dedicados a esta rama. La psicología industrial comenzó priorizando las diferencias individuales y la motivación en los trabajadores. Se concibieron nuevos tests para medir diversos rasgos de inteligencia y personalidad que tuvieran relevancia para mejorar el rendimiento de los empleados. Se trató de "hacer encajar los tornillos redondos en agujeros redondos y los tornillos cuadrados en agujeros cuadrados".[1] Fue tal el éxito de los psicólogos, que decidieron formar sus propias compañías para prestar servicios a las industrias; éstas, sin embargo, prefirieron crear Departamentos de Personal, incorporando psicólogos a jornada completa. Tanto en Europa como en Estados Unidos en el curso de la década de 1920 la psicología industrial se consagró a metas productivas, y en ese marco se dio gran importancia a la motivación de los trabajadores, sus actitudes hacia la empresa, su satisfacción en el trabajo y su relación con jefes y compañeros. En esos años, la psicología industrial se utilizó también para inhibir el sindicalismo laboral: "las empresas querían empleados sumisos, no empleados interesados en ir a huelgas y tomar parte en manifestaciones. No valió que los líderes de la psicología industrial de la época, como Kornhauser, insistieran en que era preciso tomar conciencia de la sociedad total y no limitarse a servir a la empresa. No valió que Viteles dijera muy claramente que cuando existía un conflicto entre la eficiencia y los valores humanos, el psicólogo debía sacrificar la eficiencia. Fue más fuerte el interés de la industria que trataba de salvarse de la crisis económica que atravesaba casi todo el mundo y a la vez quería sacar ventaja de la situación".[2] Ya a comienzos de la década del '30 la psicología industrial y la administración empresarial se divorcian en lo que se refiere a sus perspectivas acerca del trabajo, si bien tal divorcio dista mucho de ser uniforme, pues hasta hoy la mayor parte de la psicología industrial se consagra a aspectos psicosociales de la situación en la empresa.

1. Ardila, Rubén, *Psicología del trabajo*, Santiago, Editorial Universitaria, 1972, pág. 38.

2. Ibídem, págs. 43-44.

Este énfasis tiene su origen en algunos experimentos que comenzaron a realizarse en fábricas norteamericanas en la década de 1920, y que mostraron que las condiciones físicas no eran el único determinante —y muchas veces tampoco el principal— en la productividad y satisfacción laborales. Las experiencias de Hawthorne, una planta manufacturera de la Western Electric Company situada en una zona industrial de Chicago, destacaron la importancia de factores informales en la organización del trabajo, tales como la relación entre obreros, el estatus en el interior del grupo, y las jerarquías y liderazgos internos.

El modelo sociológico de organización que se opuso al modelo taylorista tradicional tiene en cuenta que los miembros de la organización traen a ella actitudes, valores y objetivos, y han de ser motivados o inducidos a participar. Es común el conflicto entre sus objetivos y los de la organización, lo cual exige considerar los fenómenos de poder en la explicación del comportamiento. En ese marco se insertan las investigaciones en torno de la burocracia, las relaciones humanas, las relaciones de mando y supervisión y los fenómenos de poder. El enfoque sociológico se concentra en el factor humano, en las capacidades, vocaciones, motivaciones e intereses de los trabajadores, y destaca la importancia de la estructura informal en cualquier organización. Esta postura llevó a sus portavoces a afirmar que "no tendría ninguna validez científica ni utilidad técnica, ningún sistema ni ninguna recomendación que no se fundara en la doble consideración del hombre como factor material de la producción y, al mismo tiempo, como unidad psicológica y social".[3]

Bajo esta nueva óptica organizativa, el trabajo no se limita a la actividad productiva en sí misma, sino que in-

3. Klinksberg, Bernardo, *El pensamiento organizativo: del taylorismo a la teoría de la organización*, Paidós, Buenos Aires, 1975, pág. 231.

cluye también todo lo que acontece en torno de ella en el lugar de trabajo: sus efectos sobre las relaciones entre los miembros de la organización del trabajo, sus repercusiones en la vida privada de estos miembros, y las motivaciones que tienen los trabajadores para incrementar su productividad de trabajo. A diferencia de Taylor, las investigaciones sociológicas mostraron que el dinero no es la única fuente de motivación en el trabajo. En 1955, Morse y Weiss realizaron en Estados Unidos un muestreo a escala nacional en el que el ochenta por ciento de los trabajadores consultados afirmaban que aunque tuvieran sus necesidades económicas resueltas seguirían trabajando. En general, las investigaciones sobre esta materia muestran que a mayor capacitación y adiestramiento laboral, más son las motivaciones extrapecuniarias en el trabajador.

Resulta evidente que la gama de motivaciones es compleja y no se agota con la teoría utilitarista de Taylor. Los seres humanos no trabajan sólo por dinero, como tampoco lo hacen sólo por satisfacer una necesidad inherente de crear. Trabajamos por varios motivos —dinero, despliegue físico e intelectual, interacción social, búsqueda de estatus social y de sentido, impulso creativo—. Este "complejo motivacional" es una de las piedras de toque para comprender y dirigir positivamente la dinámica organizativa en cualquier empresa. Hablar de "complejo motivacional" supone que el trabajo no se agota en su aspecto físico ni económico, si bien comprende a ambos.

Tal como lo señala Rubén Ardila en *Psicología del trabajo*, "la alienación pasó de las manos del filósofo a las manos del psicólogo social que utiliza métodos experimentales, y en esta forma se pudieron encontrar respuestas válidas a los problemas planteados". En 1964, Wilensky inventó un "índice de alienación" en el trabajo sobre la base de las relaciones trabajo-ocio, y con dicho índice trató de medir cuantitativamente la alienación en distintos tipos de trabajo. En su investigación, Wilensky cotejaba la imagen de trabajo que el empleado valoraba positivamente con su situación real en el trabajo y clasificó seis parámetros de valoración del trabajo: a) el grado de contacto social en el trabajo; b) el grado en que el trabajador utiliza su inteligencia e iniciativa; c) el reconocimiento por otros de que el trabajo estaba bien hecho; d) la posibilidad de desplegar las propias habilidades; e) la posibilidad de cierto margen de libertad, y f) la posibilidad de promoción y progreso. Con esta clasificación Wilensky construyó escalas de alienación y las aplicó a diversos tipos de trabajadores. Concluyó que es mayor el grado de alienación en trabajadores de fábrica que en los de oficina, y que las variables más determinantes son la movilidad, la libertad y la falta de restricción. En ocasiones, ejecutivos e ingenieros se sentían más alienados que trabajadores manuales, pero ello obedeció a que su nivel de expectativas era muy superior, con lo cual también era mayor el grado de frustración consciente que padecían.

Otro estudio empírico de la alienación, citado por Ardila, lo realizó Kornhauser en 1965 en una fábrica de automóviles, donde quiso evaluar la salud mental de los trabajadores. Encontró que los obreros tenían como única motivación el dinero y consideraban monótono y carente de sentido el trabajo. Soñaban con ser propietarios de una pequeña tienda, conseguir autonomía laboral y que sus hijos tuvieran una ocupación diferente. En los últimos decenios, son copiosos los estudios que detectan, bajo distintos ángulos, el fenómeno de la alienación en el trabajo, sea bajo la óptica del automatismo, de la tecnocracia y la burocracia que se extienden en las empresas, del autoritarismo, el exceso de esfuerzo, especialización o la falta de comunicación en el trabajo. Sobre la base de los estudios de Wilensky y Kornhauser, Ardila concluye: "el sentimiento de alienación en el trabajo se relaciona con el carácter repetitivo del mismo, con la supervisión estricta, con hacer partes de un producto y no una obra completa, y con poca oportunidad para relacionarse con los demás".[4]

Las investigaciones empíricas que psicólogos y sociólogos industriales llevaron a cabo en torno de la alienación del trabajo permitieron enriquecer este concepto y redoblar las objeciones al taylorismo. Tales investigaciones, motivadas por factores diversos e incluso contradictorios, pusieron en evidencia la necesidad de considerar el fenómeno del trabajo en un contexto mucho más amplio que el utilizado por la economía neoclásica o por la administración científica. El concepto de trabajo alienado parece servir de suelo para elaboraciones ulteriores realizadas por psicólogos y cientistas sociales, tales como Erich Fromm, Georges Friedmann, Alain Touraine y otros. Es nuestro objetivo en la parte siguiente del presente capítulo recoger algunas ideas expuestas por ellos, y que constituyen una respuesta crítica al trabajo alienado del mundo contemporáneo.

Erich Fromm

En *Psicoanálisis de la sociedad contemporánea*, Fromm distingue entre el aspecto técnico y el aspecto social del trabajo como forma de encarar el problema de la enajenación. "Muchos tipos de trabajo serían atrayentes por lo que afecta al aspecto técnico, siempre que fuera satisfactorio el aspecto social; por otra parte, hay tipos de traba-

---

4. Ardila, Rubén, *Psicología del trabajo*, ob. cit., pág. 129.

jo cuyo aspecto técnico puede no ser interesante por su misma naturaleza y, sin embargo, hacerlos significativos y atrayentes el aspecto social de la situación del trabajo".[5] Un buen ejemplo de cómo cambia el sentido del trabajo cuando se considera su situación social se encuentra en el ámbito doméstico. Una empleada doméstica o asesora de hogar puede realizar las mismas operaciones que una dueña de casa, pero el *sentido* del trabajo varía radicalmente entre una y otra. La primera se esfuerza por mantener en buen estado un hogar que no le pertenece, y las únicas recompensas de su trabajo que puede disfrutar son el dinero que recibe y tal vez la satisfacción provocada por la eficacia. El ama de casa, en cambio, trabaja para *su* empresa, y en el producto de su trabajo está la gratificación de contribuir al bienestar de su familia, el descanso en el que disfruta de la obra de su trabajo, y la tranquilidad y alegría que le puede provocar el sentirse agente de la continuidad de su hogar. Varía pues, lo que Fromm llama la *situación social del trabajo*.

La psicología industrial aporta nuevos datos sobre la situación y las posibilidades del trabajo, y muestra que aquélla puede mejorarse mediante el efecto vitalizador que ejerce la participación activa y responsable del empleado en su actividad. Sentirse parte de un equipo, agente de un proceso, consciente de una actividad, cambia la concepción psicológica del trabajo. Las clásicas experiencias realizadas por Elton Mayo en los talleres de Hawthorne, en Chicago, revelan que la enfermedad, la fatiga y la baja producción resultante se deben más a la enajenación del trabajador respecto de la situación social de su trabajo que a problemas técnicos tales como la monotonía de las operaciones que debe realizar: al par-

5. Fromm, Erich, *Psicoanálisis de la sociedad contemporánea* (traducción: Florentino M. Torner), Fondo de Cultura Económica, México, 1955, pág. 249.

ticipar en un trabajo en el que encuentra sentido y en el cual tiene voz, su grado de enajenación se reduce considerablemente, y ello se refleja en un cambio en la reacción psicológica al trabajo. En términos técnicos, el trabajo sigue siendo el mismo.

Con con respecto al modo de superar la alienación en el trabajo, Fromm alude a un caso concreto en que la *situación social del trabajo* le otorga un sentido distinto al asignarle una función de realización colectiva. Cita el caso de una fábrica de relojes en Francia que operaba en forma comunitaria. Los trabajadores tuvieron que ponerse de acuerdo más en una *ética de convivencia social* que en métodos de producción. En base a esta ética regularizaron el aspecto productivo y técnico del trabajo, e incluso lo mejoraron. La propia comunidad fabril afirmaba: "No partimos de la fábrica, de la actividad técnica del hombre, sino del hombre mismo... En una Comunidad de Trabajo lo importante no es ganar conjuntamente, sino trabajar juntos para satisfacer una necesidad colectiva y personal".[6] Esto no implica el abandono de las ventajas que permite la Revolución Industrial sino, por el contrario, capitalizarlas para el desarrollo de las potencialidades de los trabajadores. Para Fromm, "la cuestión está en si pueden crearse para toda nuestra sociedad condiciones análogas a las creadas por los comunitarios. La finalidad, entonces, consistiría en crear una situación de trabajo en que el hombre dedique su tiempo y su energía a algo que tenga sentido para él, en que sepa lo que hace, influya en lo que está haciendo y se sienta unido a sus semejantes antes que separado de ellos. Esto implica que la situación de trabajo ha vuelto a ser concreta; que los trabajadores están organizados en grupos lo bastante reducidos para permitir al individuo relacionarse con el grupo

---

6. Citado por Fromm, Erich, *Psicoanálisis...*, ob. cit.

como seres humanos reales y concretos, aunque la fábrica en su totalidad tenga muchos miles de trabajadores. Esto significa que se han encontrado métodos para combinar la centralización y la descentralización que permiten la participación activa y la responsabilidad de todo el mundo, y que al mismo tiempo crean una dirección unificada en el grado necesario".[7]

Fromm postula dos formas de evitar la enajenación, y ambas se complementan. En primer lugar, que el trabajador, aunque inmerso en la división del trabajo, tenga conciencia de cómo opera el conjunto de la industria a la cual pertenece. En segundo lugar, que el trabajador se convierta en participante activo, interesado y responsable, influyendo en las decisiones que afectan a su situación individual y a toda la empresa. De acuerdo con esta óptica, el *control*, por parte del trabajador, del proceso en el que está comprometido es el principal resorte para mitigar la enajenación. Ya Marx había advertido que la enajenación es una pérdida de control del objeto producido y del proceso en el que se produce. Este control, en el cual Fromm concentra su atención, alude tanto al dominio cognoscitivo del proceso productivo como a lo decisional.

Tras esta propuesta descansa una concepción del trabajo en la que se destaca tanto su aspecto cognoscitivo como su aspecto volitivo. La alienación del trabajo se enfrenta conociendo y determinando lo que se hace. Es ésa la forma, según Fromm, de devolverle al trabajo su sentido originario. Por otro lado, el hecho de remitir el verdadero significado del trabajo a cualidades esenciales del sujeto trasciende la esfera económica y los enfoques economicistas del trabajo. De allí que "todas las sugerencias en el sentido de la humanización del trabajo no tienen

7. Fromm, Erich, *Psicoanálisis...*, ob. cit., pág. 265.

por finalidad aumentar la producción económica ni es su meta una satisfacción en el trabajo *per se*. Sólo tienen sentido en una estructura social totalmente diferente, en que la actividad económica es una parte subordinada de la vida social. No se puede separar la actividad del trabajo de la actividad política, del empleo del tiempo libre y de la vida personal. Si el trabajo se hiciera interesante sin que se humanizaran las demás esferas de la vida, no tendría lugar ningún cambio verdadero".[8]

En el proceso del trabajo, el sujeto no sólo transforma la naturaleza exterior a él, sino que también se moldea y modifica a sí mismo: "Cuanto más se desarrolla su trabajo, más se desarrolla su individualidad. Moldeando y recreando la naturaleza, aprende a hacer uso de sus potencias y aumenta su destreza y su poder creador".[9] A partir de esta definición, Fromm cuestiona, además del taylorismo, gran parte de la psicología industrial tradicional: "la psicología (industrial-tradicional) ha prestado sus servicios a la 'ingeniería humana', que intenta tratar al trabajador y al empleado como una máquina que trabaja mejor cuando está bien lubricada. Mientras Taylor se interesó primordialmente por una organización mejor del uso técnico de la fuerza física del trabajador, la mayor parte de los psicólogos industriales se interesan sobre todo por la manipulación de la psique del trabajador".[10] La crítica de Fromm, como la que plantearán Friedmann y Touraine, se vuelve contra las tendencias dominantes de

---

8. Ibídem, pág. 269. El humanismo de Fromm se hace patente en su tesitura frente a la psicología industrial: "Habría que estudiar el problema industrial de los seres humanos —dice— y no el problema humano de la industria". Con esto no hace sino insistir en que la labor del psicólogo industrial no es prestar servicios al empresario para su incremento de utilidades, sino comprometerse con la situación del trabajo.

9. Ibídem, pág. 151.

10. Ibídem, pág. 154.

la propia psicología industrial, o más bien contra el marco en que ellas surgen en Estados Unidos.

A Fromm le preocupan los efectos psicológicos del trabajo mecanizado y del proceso de automatización. Advierte que la esperanza que algunos psicosociólogos cifran en la automatización, en cuanto ésta reduciría gradualmente la jornada de trabajo y permitiría al obrero consagrar las mismas horas de trabajo al fantaseo y la imaginación, es una esperanza viciada. "Hay que preguntarse —dice Fromm— si la libertad para fantasear y soñar despierto que proporciona el trabajo mecanizado es un factor tan positivo y saludable como supone la mayor parte de los psicólogos de la industria."[11]

El análisis de la relación entre motivaciones y productividad permite al psicólogo rescatar nuevos matices del fenómeno de la alienación y exponerlos en sus detalles. Conceptos clave surgidos de la psicología, tales como sublimación, represión, castración y otros, ayudan a matizar la alienación y contribuyen a desmitificar la producción en gran escala y romper la identificación de la productividad material con el bienestar humano. El embotamiento y la autorrepresión, rasgos propios del trabajador moderno —empleado, burócrata, obrero o tecnócrata— no son señales de bienestar.

Georges Friedmann

Georges Friedmann también trata el problema de la alienación, y distingue al respecto los siguientes aspectos:

–El trabajo alienado de la industria moderna es *despersonalizado*; la administración científica ha tendido, en

---

11. Ibídem, pág. 238.

su aplicación a la producción en masa, a simplificar y estandarizar las labores y a reducir tanto la jerarquía de capacidades como los salarios. El trabajador semiespecializado reconoce día a día, sin frustración, que las labores que hacen otros son absolutamente idénticas a las suyas. Sobreviene a esto la sensación de ser anónimo y canjeable, sensación reforzada por su real falta de toda participación en el negocio.

–A esta despersonalización se añade la sensación de un trabajo irrelevante. Como lo describe Friedmann, "llenar un espacio en una fábrica o en una oficina con el cuerpo físico, hacer movimientos diseñados por la mente de otros, aplicar fuerza física o liberar energía de vapor o electricidad, no son en sí mismas contribuciones de las capacidades esenciales de los seres humanos".[12]

El propio Friedmann sugiere modificaciones en el trabajo moderno que puedan reducir la dosis de enajenación que lo acompaña. En el aspecto técnico, estas medidas se orientan hacia la compatibilización del planeamiento con las necesidades propias de la personalidad del trabajador. Esto exige una planificación sistemática en diferentes niveles de grupo, comenzando con el pequeño equipo y terminando con el conjunto de la empresa, manteniendo el máximo de libertad y flexibilidad en cada grupo. Los miembros de cada grupo podrían así distribuir y organizar entre ellos el trabajo y tomar en cuenta allí las capacidades, gustos y necesidades de cada cual en el compromiso con el trabajo. En el aspecto social, esta necesidad de participación y satisfacción exige que se comparta la dirección y administración del negocio. Si bien la pre-

12. Friedmann, Georges, *The Anatomy of Work* (traducción al inglés: W. Rawson), The Free Press of Giencoe, New York, 1961, pág. 141.

sión sindical ha ampliado este tipo de prácticas en los últimos cincuenta años, son casi inexistentes los casos en que una masa de trabajadores haya logrado sentirse psicológicamente "partícipe" de la empresa a la que pertenece. Para que así fuere, el trabajador debe percibir la *especificidad* de su trabajo, es decir, necesita sentir que su identidad es diferenciable de las otras y que él es dueño de su trabajo. Aquí se combinan el aspecto técnico y el aspecto social de su actividad, y es lo que hace difícil que un cambio en el puro aspecto técnico o en el puro aspecto social baste para atemperar la alienación. A esto se liga estrechamente un resultado arrojado por encuestas realizadas a obreros semiespecializados en fábricas en Estados Unidos: afirman estar disgustados por la sobreespecialización, que los priva de una formación valiosa para un trabajo. Confinados a una labor meramente muscular cuyo secreto no es más que el hábito, estos obreros no tienen otro desafío que el aumento de la velocidad en sus operaciones. Pero está demostrado que semejante desafío es insignificante cuando se lo compara con el proceso de aprendizaje en el que se dominan tareas cada vez más complejas. Esta evidencia nace de las experiencias del *job enlargement* (ensanchamiento de las funciones en el trabajo, rotación de puestos, etcétera), que los propios obreros han valorado positivamente en Inglaterra y Estados Unidos, conforme a los abundantes ejemplos citados por Friedmann.

Al parecer, el grado de satisfacción en el trabajo se vincula con su grado de complejidad. A mayor gama de matices en el trabajo, más se motiva el trabajador a recurrir a sus capacidades y desarrollar su creatividad. Las encuestas a trabajadores muestran que éstos siempre buscan más variedad en el trabajo y quieren evitar la imposición de tiempo que implica la cadena de ensamblaje; también exigen mayor iniciativa y capacitación, más perspectiva en la empresa y menor coacción física. Las experiencias del *job enlargement* practicadas durante la Segunda Guerra Mundial en Estados Unidos, y los ejemplos de IBM y de la Compañía Detroit Edison mostraron que al aumentar la satisfacción del personal en su empleo aumentaba también la productividad. Según lo entendieron los directores de Detroit Edison, "el sentido del *job enlargement* no sólo persigue reducir la monotonía y la repetición del trabajo, sino también proporcionarle al empleado mayor variedad, dándole así mayores oportunidades para ejercitar su propio juicio y mostrar sus capacidades".[13] En esas ocasiones se pretendió reducir la especialización, pues provocaba una innecesaria duplicación de funciones y generaba un aumento de costos; para ello nada mejor que aprovechar las habilidades intelectuales y la personalidad de cada empleado. Por otra parte, el ensanchamiento de funciones y la rotación de puestos apuntaba a la *unificación* (desatomización) del trabajo, en la medida en que es técnicamente posible y psicológicamente deseable. Por lo mismo, no se oponía sino que contribuía a la simplificación del trabajo, unificando operaciones que antes estaban dispersas entre una multitud de empleados o trabajadores especializados.

Todo esto desmiente el supuesto taylorista de que la mayor especialización necesariamente conduce a una mayor productividad: "en el nivel de la producción masiva —señala Friedmann—, los psicólogos y sociólogos industriales se han percatado de que las unidades de trabajo demasiado pequeñas causan aburrimiento, e incluso una productividad menor una vez superadas las dificultades. Ésta es una de las *antinomias* de la división del trabajo. Los técnicos han llevado la subdivisión a límites extremos

---

13. Ibídem, pág. 51.

pensando que con ello incrementarían el rendimiento individual y reducirían los costos. Pero han reducido así las unidades de trabajo a porciones tan ínfimas que ya no corresponden a las necesidades psicológicas de muchos seres humanos".[14]

Según Friedmann, el trabajador tiene la necesidad natural de enfrentarse a obstáculos y superarlos mediante su iniciativa y posibilidad creadora, para lo cual debe poner en práctica las más diversas capacidades. Esto implicaría que el trabajador *rinde más* cuando confronta tales desafíos en su actividad. Contrariamente a los principios de la administración científica, el obrero o empleado no aumenta su rendimiento conforme aumente su especialización sino todo lo contrario: a la larga, el exceso de especialización atrofia ese rendimiento. De esto se deduce que la alienación no es un mal necesario para incrementar la productividad, sino al revés: más productivo puede llegar a ser un trabajo cuando cubre y combina distintas tareas y le permite al trabajador utilizar sus capacidades en lugar de postergarlas. De allí que Friedmann reivindique en buena medida la *politecnización* propuesta por Marx en algunos de sus textos, es decir, la diversificación de aptitudes como posible remedio a la alienación de la división del trabajo mecanizado. La educación profesional polifacética, unida a la rotación de puestos y al ensanchamiento del puesto de trabajo, permitiría sustituir la hiperespecialización del trabajo por la unidad y la comprensión en lo que se hace.[15]

Friedmann se proyecta también al campo profesional, y afirma que una forma de reducir la alienación del

---

14. Ibídem, pág. 64.

15. Véase al respecto Friedmann, Georges, *¿Adónde va el trabajo humano?* (traducción: María E. Vela), Sudamericana, Buenos Aires, 1961, págs. 369-371 y 389-392.

trabajo profesional es por medio de una educación humanística en las universidades que forman técnicos y hombres de negocios. Esta orientación ayudaría a ensanchar las miras de quienes más tarde deberán administrar las empresas, dándoles elementos que les permitan comprender los cambios sociales, políticos y económicos, y les ayuden a valorar la influencia de factores culturales e históricos en empleados, clientes, accionistas y obreros. Tal formación también contribuiría a encarar el aprendizaje intelectual como un proceso que dura toda la vida, a suprimir la tendencia al excesivo conformismo propia de una ocupación altamente especializada, y a neutralizar en parte el clima de intensa competencia individual que los profesionales encuentran en las organizaciones del trabajo. La formación humanística en los dirigentes empresariales, afirma Friedmann, permitiría diversificar las variables a considerar en la toma de decisiones (decisiones que afectan tanto la situación técnica como la situación social de los trabajadores en las empresas), contribuyendo así a revertir o por lo menos rectificar las distorsiones generalizadas por el taylorismo. Ayudaría, también, a derribar el mito economicista que concibe al trabajador como un mero factor de producción y haría del problema de la alienación del trabajo una cuestión importante en las políticas internas de las empresas.

Alain Touraine

En un trabajo dirigido por Alain Touraine[16] reencontramos el concepto de alienación, tal como lo define Seeman en su libro *On the meaning of alienation*, dividido en cin-

---

16. Touraine, Alain, *et al.*, *Los trabajadores y la evolución técnica* (traducción: M. Villanueva de Castro), Nova Terra, Barcelona, 1970.

co aspectos o *carencias*, a saber: 1) *powerlessness* o "carencia de dominio", es decir, el sentimiento de que la situación escapa al propio control; 2) *normlessness*, es decir, carencia de normas, desacuerdo con los valores culturales y los medios institucionales; 3) *meaninglessness*, o incapacidad para dar sentido a la situación; 4) *isolation*, imposibilidad de reconocerse positivamente en los valores dominantes y de ser socialmente reconocido; y 5) *self-strangement* o autoextrañeza: la conducta aparece regulada por sistemas de recompensas ajenos a la personalidad, lo que erosiona el sentido de la propia identidad. Una vez más, el concepto de alienación liga lo socioeconómico y lo psicopatológico. La falta de control sobre la situación, la carencia de normas estables, la incapacidad para dar sentido al medio, el aislamiento y la autoextrañeza pueden responder tanto a un cuadro de alienación psiquiátrica como a uno de alienación del trabajo en las condiciones de mecanización que hemos ido definiendo. La psicosociología industrial es, en este sentido, *interdisciplina* por excelencia, pues tiende el puente entre la situación técnica y social del trabajo y el drama individual del trabajador, estableciendo un campo de investigación teórica que reúne bajo una misma disciplina elementos de la sociología, la psicología, la economía, la política y la filosofía. Insistimos pues, en la importancia de este nuevo campo porque es nuestro propósito destacar cómo el trabajo, y en particular la alienación en el trabajo, han motivado a los cientistas sociales en los últimos años a extender y a la vez unificar sus campos de estudio.

Touraine reformula la relación del obrero con su trabajo, distinguiendo entre *satisfacción, adaptación* y *alienación*. En el estudio de la satisfacción, señala, el principio utilizado es el de la relación contribución/retribución. En el de la adaptación, el principio es la relación entre las normas de aprendizaje y el sistema social considerado. En el de la alienación, lo que destaca es sobre todo el sistema de organización y de decisión en que se realiza el trabajo. Bajo esta última perspectiva, el taller o la empresa no sólo constituyen medios económicos o sistemas sociales sino también mediaciones y obstáculos entre los trabajadores y sus obras. La empresa es, además de fuente retributiva, un marco de convivencia social, lo que liga (o separa) al trabajador del producto de su trabajo y el espacio donde el trabajador hace (¿deshace?) lo suyo.

Esta división supone además tres perspectivas distintas frente al cambio en la situación del trabajo. Los que estudian la satisfacción dirán que un cambio afecta el equilibrio de las contribuciones y de las retribuciones; quienes estudian las condiciones de adaptación o anomia (la falta de normas, inadaptación) demostrarán que un cambio repercute en las normas que regulan el trabajo y su contexto, "haciéndolo más o menos coherente, claro o de acuerdo con determinados valores culturales de la sociedad considerada".[17] El estudio de la alienación (o su contrario, la liberación y autoactualización) "supone que este cambio afecta al doble papel de mediación y obstáculo de la organización de trabajo, es decir, lo que se interpone entre el trabajador y su obra [...] a medida que pasamos del primer tipo de razonamiento al tercero, el cambio aparece cada vez más simbólico, se le juzga cada vez más en función, no de sus consecuencias directas para el trabajador, sino de su significado en cuanto a las relaciones sociales de trabajo".[18]

Aunque Touraine considera que la satisfacción, la adaptación y la desalienación constituyen modos de tra-

---

17. Ibídem, pág. 26.

18. Ibídem.

tamiento de los problemas del trabajo relativamente independientes uno de otro, un problema económico puede, no obstante, convertirse en un problema social; uno social, en uno psicológico; uno psicológico, en uno filosófico. Cuando la acción se proyecta desde una reivindicación salarial hasta una de corte político, ya no puede considerarse una reacción puramente económica. Un salario justo, por otro lado, tiene también una connotación ético-social; un alto grado de adaptación social al trabajo puede redundar en alzas de productividad y consecuentes alzas de ingresos. Por otra parte, la liberación experimentada al superar los obstáculos técnicos o la alienación provocada por la no-participación en el producto del trabajo puede repercutir en la situación social del trabajo y reducir la productividad.

En base a trabajos realizados en fábricas norteamericanas, Touraine sostiene que la reacción obrera ante el cambio técnico distingue cada vez más entre la racionalización del trabajo por medio de la técnica y la utilización social de esa técnica: "la resistencia [de los trabajadores] recae menos contra los cambios que contra los métodos por medio de los cuales son introducidos y utilizados".[19] Las actitudes ante el cambio técnico tienen por objeto buscar la forma de reconciliar técnica y sociedad. Como advierte Daniel Pécaud: "Si el cambio técnico comporta nuevas posibilidades de promoción profesional, o si las reduce por el contrario, de hecho, es a toda la existencia social del individuo a la que atañe, cambiando su estatuto social. O sea, que el cambio técnico no encauza solamente el papel profesional del trabajador, sino todo el conjunto de su estatuto social y el sentido que da a su

---

19. Ibídem, pág. 132.

existencia"[20] y más adelante: "Asimismo, las actitudes con respecto al cambio, tanto si son de resistencia como de adhesión, deben comprenderse a partir de este conjunto que es la conducta del trabajador, es decir de la pluralidad de sus cometidos. El trabajador reacciona al cambio como obrero que es, ciertamente, pero también como jefe de familia o célibe, joven o viejo, habitante de tal ciudad y acostumbrado a tal género de vida".[21]

En síntesis, la psicosociología industrial, con más de medio siglo de trayectoria, ensancha el análisis abierto por los primeros críticos de la sociedad industrial. En perspectivas que se nutren de este campo pero que a la vez enriquecen el enfoque, incursionan tanto Fromm como Friedmann, Touraine y otros. Del mismo modo y cada vez más, en las formas del trabajo moderno, y sobre todo en el de la gran empresa, las demandas de los propios empleados han transitado del reclamo salarial a otras dimensiones de su calidad de vida y de trabajo: la diversificación de tareas, el uso de las propias facultades creativas, la mayor comunicación en la empresa y la promoción en el interior de la organización. Mientras tanto el concepto mismo de trabajo se matiza y diversifica, acumulando sentidos que no siempre coinciden; y cuyas diferencias también se reflejan en conflictos sindicales, de políticas públicas y de formas de organizar la producción.

---

20. Ibídem, pág. 147.

21. Ibídem, pág. 148.

X | Otras líneas de reflexión sobre el concepto de trabajo en el siglo XX

La Doctrina Social de la Iglesia

Los profundos cambios promovidos por la Revolución Industrial no pasaron inadvertidos a los ojos de la doctrina de la Iglesia. Ya en 1891, y refutando de antemano la visión instrumental de las teorías clásicas de organización de la producción, el Papa León XII dio a conocer la Encíclica Social *Rerum Novarum*, que marcó el comienzo de nuevos senderos de reflexión en el interior de la institución eclesiástica. La Encíclica expuso la actitud de la Iglesia en relación con la realidad socioeconómica finisecular. Y desde su publicación, hace ya casi un siglo, el papado ha emitido sucesivos documentos que explicitan su posición frente a problemas de actualidad.

Al pronunciarse respecto de la estructura económica y social del mundo actual, es inevitable la alusión al trabajo y una filosofía normativa que estipule valores con respecto a este último. Desde *Rerum Novarum* hasta *Igualdad-Participación,* de Pablo VI, puede rastrearse una concepción del trabajo que refleja la continuidad del pensamiento católico. Esta concepción se hace explícita en una de las más recientes encíclicas sociales, que lleva por título *Laborem Exercens*, lo que de por sí anuncia una reflexión centrada en el problema del trabajo.

La Encíclica *Rerum Novarum* ratificó las premisas escolásticas que postulaban una desigualdad intrínseca entre los seres humanos y el carácter expiatorio del trabajo. Sin dejar de apoyar la división entre capital y trabajo, planteó, no obstante, la necesidad de conciliar a trabajadores y capitalistas en un marco de producción de armoniosa coexistencia entre las partes, con deberes de unos y de otros. Condena la violencia en ambos y censura tanto el incumplimiento laboral como el no pago de un salario digno para asegurar la existencia de los trabajadores. En ello no hace la doctrina sino rescatar el concepto medieval de "justo salario", como también el de la dignidad de todo trabajo productivo. Prescribe no imponerle al trabajador "más trabajo del que sus fuerzas pueden dar", asigna al Estado el deber de promover y defender el bien del obrero en general, y alienta la fraternidad entre clases sociales basada en el común amor cristiano.

Aunque a los ojos del lector actual la primera Encíclica Social pueda parecer extemporánea, su énfasis en condiciones y horarios de trabajo que permitieran al trabajador consagrar parte de su tiempo a espiritualizar su existencia podía traducirse a fines del siglo XIX en una crítica a condiciones y horarios extenuantes. Los postulados de la Encíclica suponen también que en la autoconservación que el trabajo asegura va implicado el desarrollo de la persona. Así, el trabajo moviliza tanto la identidad personal como la subsistencia: "Tiene, pues, el trabajo humano dos cualidades que en él puso la naturaleza misma: la primera es que es *personal*, porque la fuerza con que se trabaja es inherente a la persona y enteramente propia de aquel que con ella trabaja, y para utilidad de quien la recibió de la naturaleza; la segunda es que es *necesario*, porque del fruto de su trabajo necesita el hombre para sustentar la vida, lo cual es un deber imprescindible impuesto por la misma naturaleza".[1]

La crítica al liberalismo económico es más enérgica en la Encíclica de Pío XI, *Quadragesimo Anno*, que en su predecesora. Se afirma allí que la unidad del cuerpo social no puede basarse en el libre juego de la competencia: "De este punto, como de fuente envenenada, nacieron todos los errores de la ciencia económica individualista; la cual suprimido por olvido o ignorancia el carácter social y moral del mundo económico, sostuvo que éste debía ser juzgado y tratado como totalmente independiente de la autoridad pública, por la razón de que su principio directivo se hallaba en el mercado o libre competencia [...] Pero la libre competencia [...] no puede ser en modo alguno la norma reguladora de la vida económica; y lo probó demasiado la experiencia cuando se llevó a la práctica la orientación del viciado espíritu individualista".[2] La oposición de la Doctrina Social de la Iglesia alcanza aquí no sólo a los efectos del capitalismo industrial, sino también a su filosofía de base. La crítica citada asocia el aspecto económico con las premisas éticas del capitalismo (o la falta de tales premisas), y en esa medida es una crítica de fondo al sistema. Eso no significa que la Iglesia adhiera a principios de corte socialista, pues es igualmente crítica respecto de economías centralizadas, pero reconoce la urgencia de modificar sustancialmente las formas de producción y relación social de una sociedad basada en la competencia.

---

1. *Encíclicas Sociales. Rerum Novarum y Quadragesimo Anno*, Santiago, Ediciones Paulinas, pág. 54.

2. Ibídem, pág. 154.

Al abogar por una política social que "reprofesionalice" el trabajo, la Encíclica se muestra contraria a la modalidad laboral que rige los grandes centros de producción de la época, donde la especialización mecanicista ha sustituido los oficios tradicionales. La sindicalización se ve así respaldada como una suerte de retorno a los gremios medievales, aunque integrados en el desarrollo técnico y, más aún, encauzando ese desarrollo bajo una perspectiva humanizadora: "Los que ejercitan la misma profesión formarán unos con otros sociedades [...] libres, para alcanzar fines que en alguna manera estén unidos con el ejercicio de la misma profesión". La asociación de trabajadores por rubro no aparece en la Encíclica como un recurso de presión contra el capital, sino como una forma de devolverle al trabajo la dignidad.

En *Mater et Magistra*, Juan XXIII alude a otro aspecto del trabajo, a saber, que éste "debe ser valorado y tratado no como una mercancía, sino como expresión de la persona humana".[3] Ahonda también en el aspecto formativo y actualizador del trabajo. En esto extiende el concepto de justicia más allá de la función redistributiva asignada en las encíclicas anteriores: "La justicia —sostiene— ha de ser respetada no solamente en la distribución de la riqueza, sino además en orden a la estructura de las empresas en que se cumple la actividad productora. Porque en la naturaleza de los hombres se halla involucrada la exigencia de que, en el desenvolvimiento de su actividad productora, tengan posibilidad de empeñar la propia responsabilidad y perfeccionar el propio ser".[4] La crítica al sistema económico no sólo alcanza las disparidades económicas y sociales que éste genera, pues

---

3. *Encíclicas Sociales. Mater et Magistra, Pacem in Terris, Populorum Progressio e Igualdad-Participación*, Santiago, Ediciones Paulinas, pág. 14.

4. Ibídem, pág. 42.

arguye que una distribución equitativa es insuficiente si en el trabajo humano se ve reprimida su condición inherente, a saber, la expresión de la iniciativa personal y del sentido de responsabilidad de los trabajadores. Así, la noción de *persona* permite redefinir la esencia del trabajo, e incluso postular la necesidad de conservar y promover formas cooperativistas de producción. Una vez más, el gremio artesanal hace de paradigma, aunque adaptado a las estructuras modernas: "Es necesario que [los trabajadores] tengan buena formación bajo el aspecto técnico y el humano, y estén profesionalmente organizados; y es también indispensable que se realice una apropiada política económica relativa sobre todo a la instrucción, la imposición tributaria, el crédito y los seguros sociales".[5]

La Encíclica *Populorum Progressio*, de Pablo VI, asume premisas hegelianas en relación con el trabajo para destacar la amenaza de la administración científica sobre la esencia del trabajo: "Más científico y mejor organizado [el trabajo] tiene el peligro de deshumanizar a quien lo realiza, convertido en siervo suyo, porque el trabajo no es humano si no permanece inteligente y libre".[6] Ese peligro, según la Doctrina Social de la Iglesia, no proviene de la naturaleza misma de la ciencia y la técnica, sino de la relación entre el trabajo y su organización y del marco social en que se integra la técnica a los medios productivos.

La Encíclica *Laborem Exercens* de Juan Pablo II se consagra, como su nombre lo indica, a la cuestión del trabajo propiamente tal. Y le asigna una multiplicidad de contenidos y finalidades que sintetizan la reflexión cris-

5. Ibídem, pág. 44.

6. Ibídem, pág. 226. Hegel y Marx dirían "consciente y libre", pero en ambos casos se alude a la dimensión teleológica propia del hombre en su actividad productiva.

tiana sobre el trabajo desde el Nuevo Testamento hasta nuestros tiempos.

Medio de subsistencia, el trabajo también aparece como motor del progreso científico-técnico y de la "elevación cultural y moral de la sociedad". El trabajo, añade la Encíclica, es actividad específicamente humana, "pues su sujeto es la *persona*, sujeto consciente y capaz de decidir y de domeñar la naturaleza. Al dársele un alcance tan vasto al trabajo, éste se concibe como determinante de la sociedad en general".[7] En este punto, la Iglesia incorpora material de las ciencias sociales, de las que puede extraerse una conclusión similar: "La Iglesia está convencida de que el trabajo constituye una dimensión fundamental de la existencia del hombre en la Tierra. Ella se confirma en esta convicción considerando también todo patrimonio de las diversas ciencias dedicadas al estudio del hombre: la antropología, la paleontología, la historia, la sociología, etcétera; todas parecen testimoniar de manera irrefutable esta realidad".[8] La diferencia, advierte la Encíclica, es que esta conclusión la extrae la Iglesia no como "convicción de la inteligencia" sino como "convicción de la fe". El trabajo aparece como destino inherente de la persona, o como un designio prefijado al que la persona debe siempre ajustarse. El mandato divino de "henchir y someter la tierra" convoca a los seres humanos a reflejar la "acción misma del Creador del universo": como imagen de Dios, el hombre tiene la misión de dominar la naturaleza mediante el trabajo. Este designio no puede ser rebatido por el desarrollo técnico, la automatización y la gran industria: por más mecaniza-

---

7. "[...] trastoca la vida de cada sociedad y aun de toda la sociedad." Y más adelante: "que el trabajo humano es *una clave*, quizás *la clave* esencial de toda la cuestión [...]" (*Laborem Exercens*, Ediciones Paulinas, Santiago, pág. 6).

8. Ibídem, pág. 14.

do que esté el trabajo, "el sujeto propio del trabajo sigue siendo el hombre".

Derivada de las Sagradas Escrituras, esta premisa sirve a la Encíclica para adoptar una posición crítica frente a toda forma de producción donde el papel responsable y libre del trabajo se ve amenazado. La técnica, por ejemplo, "puede transformarse de aliada en adversaria del hombre, como cuando la mecanización del trabajo 'suplanta' al hombre, quitándole toda satisfacción personal y el estímulo a la creatividad y responsabilidad; cuando quita el puesto de trabajo a muchos trabajadores antes ocupados [...]".[9] Con referencia al trabajo humano, y en función de este mandato divino y del sujeto del trabajo que es la *persona*, la Encíclica plantea interrogantes respecto de la dimensión ético-social del trabajo en el mundo contemporáneo.

El *dominio* de la tierra al que alude el texto bíblico se refiere tanto a una dimensión objetiva como a una subjetiva del trabajo. En lo objetivo, se trata de esa capacidad progresiva de *hacer suya* la naturaleza, de transformarla y controlarla. En lo subjetivo, se refiere a la persona que *se define* en ese mismo proceso. Olvidar que el trabajo tiene como fin no sólo el dominio del medio, sino también el desarrollo personal de quien lo ejecuta, es contrariar el mandato divino y contradecir la propia esencia del ser humano. Las fuentes de la dignidad del trabajo "deben buscarse principalmente no en su dimensión objetiva, sino en su dimensión subjetiva".

La Encíclica se refiere al trabajo como un *bien* de la persona, y señala que las alusiones bíblicas al carácter fatigoso del trabajo no contradicen este concepto, pues su finalidad es no sólo transformar la naturaleza mediante el esfuerzo humano, sino también permitir la realización

9. Ibídem, pág. 20.

del hombre como tal (que merced al trabajo "se hace más hombre"). Así, "aunque unido a la fatiga y al esfuerzo, el trabajo no deja de ser un bien, de modo que el hombre se desarrolla mediante el amor al trabajo. Este carácter del *trabajo humano*, totalmente *positivo y creativo*, *educativo y meritorio*, debe constituir el fundamento de las valoraciones y de las decisiones, que hoy se toman al respecto, incluso referidas a los derechos subjetivos del hombre [...].[10]

La reivindicación del trabajo como un *bien* responde en varios aspectos a la exigencia no sólo de subordinar el desarrollo técnico al trabajo humano, sino también de asignar prioridad al trabajo sobre el capital. El trabajo, comenta la Encíclica, es siempre una *causa eficiente* primaria, mientras el capital es sólo, en tanto medio de producción, instrumento o *causa instrumental*. El verdadero *agente* de la producción es el trabajador, y esto lo confirma también el hecho de que "el conjunto de medios es fruto del patrimonio histórico del trabajo humano".[11] Lo que sirve al trabajo es fruto del trabajo, y con ello podemos complementar lo que aduce la Encíclica: el trabajo es, a la vez que causa *eficiente*, causa *final*. Eficiente, porque la producción es viable mediante el trabajo (en sentido estricto, o bien, el encarnado en capital); final, porque los medios de producción que el propio trabajo ha ido perfeccionando a lo largo de la historia lo hacen, por lo menos en principio, cada día más productivo (más eficiente). Así, el trabajo crea las condiciones para perfeccionarse a sí mismo y, a la vez, para producir más y mejor y aumentar el bienestar de la humanidad.

10. Ibídem, pág. 40.

11. Ibídem, pág. 46.

Al definir los medios de producción como patrimonio histórico del trabajo humano, la noción de trabajo adquiere un nuevo matiz. La continuidad histórica se hace clara al establecer que todo lo que el ser humano utiliza para producir es a su vez fruto de trabajo precedente. Con este supuesto, el ser humano con su trabajo "entra en un doble patrimonio", a saber: en el patrimonio de lo que los recursos naturales han dado al ser humano y que los demás han ido elaborando en base a esos recursos (sobre todo, la técnica, el perfeccionamiento de los instrumentos productivos); pero además, el trabajador releva a otros seres humanos en este proceso continuo. Esta dimensión histórica, que supone un fuerte residuo hegeliano, sitúa al trabajo de cada cual en el marco del progreso global de la humanidad. Con ello entramos en un terreno que no es ni del todo "objetivo" ni del todo "subjetivo". Si en un primer momento la Encíclica enfatiza el carácter *personal* del trabajo y el hecho de que el sujeto del trabajo es una *persona* (consciente, libre), ahora el acento recae sobre el carácter *intersubjetivo* o *genérico* del trabajo.

El sentido de continuidad histórica atribuido al trabajo y el concebir los bienes de la sociedad como *trabajo humano encarnado* llevan a la Encíclica a postular la subordinación de la propiedad privada al "derecho al uso común". La socialización no apunta sólo a logros redistributivos y a la participación de toda la humanidad en el bien común que ella genera, sino también a crear condiciones en las que el trabajo sea algo más que una actividad remunerativa, y que contribuya al crecimiento personal de quienes lo ejercen. Al respecto, el Concilio Ecuménico del Vaticano II es claro: "La actividad humana, así como procede del hombre, así también se ordena al hombre. Pues éste, con su acción, no sólo transforma las cosas y la sociedad, sino que se perfecciona a sí mismo. Aprende mucho, cultiva sus facultades, se supera y se trasciende. Tal superación, rectamente entendida, es más importante que las riquezas exteriores que puedan acumularse [...] Por tanto, ésta es la norma de la actividad humana que, de acuerdo con los designios y voluntad divinos, sea conforme al auténtico bien del género humano y permita al hombre, como individuo y miembro de la sociedad, cultivar y realizar su plena vocación".[12] En este carácter moral-social del trabajo encontramos un fundamento dialéctico, a saber: a la vez que el sujeto se educa para trabajar, trabaja para educarse. El trabajo forma, y la formación enriquece al trabajo.

La teología contemporánea del trabajo en M. D. Chenu

Es sintomática la progresiva preocupación por el trabajo que la Iglesia ha hecho explícita por medio de sus encíclicas sociales, como también lo es el hecho de que en el presente siglo haya surgido en el seno de la reflexión cristiana una corriente de pensamiento abocada a la *teología del trabajo*. A este respecto, vemos confirmada nuestra hipótesis inicial: el trabajo, cuanto más alienado, más pensado. Adolfo de Nicolás[13] lo ratifica cuando señala que "la teología del trabajo no ha surgido, de hecho, en nuestro tiempo, como un desarrollo *espontáneo o inmediato* de la meditación de la Sagrada Escritura o de una elaboración teológica de las enseñanzas de la revelación, sino que ha sido impulsada por el choque que produce la experiencia de una realidad terrena: la experiencia de una

---

12. Citado en Ibídem, pág. 100.

13. De Nicolás, Adolfo, *Teología del progreso*, Sígueme, Salamanca,1972, pág. 65.

civilización industrial". La reflexión cristiana en torno del trabajo, así provenga de las encíclicas o de pensadores independientes, no nace de una azarosa aplicación de las fuentes ni de una reinterpretación arbitraria de los textos sagrados. Por el contrario, es a la luz de la negación de la dignidad del trabajo como dicha reflexión se ha visto motivada a buscar, en sus fuentes, un principio que sirva para interpretar críticamente la degradación del trabajador en el mundo moderno.

Según M. D. Chenu, la intuición de Marx fue precisamente constatar que el trabajo, que debería ser fuente de dignidad, termina siendo causa de alienación. La paradoja reside en que el trabajo contiene un enorme potencial de liberación, dominio y comunión, pero su alienación en el mundo contemporáneo genera su reverso: una nueva esclavitud, una atrofia intelectual y cultural. Así, "frente a las promesas humanas y teológicas de una exaltación del trabajo, se sufre la pesadez de un proceso de despersonalización, hiperracionalización y mutilación de la vida humana como un todo".[14] El contraste entre las potencialidades de las que actualmente dispone la vida humana, a raíz de la acumulación genérica del trabajo a lo largo de la historia, y la atrofia a la que ese mismo trabajo se ve sometido por la técnica, por los criterios imperantes de maximización de utilidades y por las desigualdades estructurales en la sociedad, lleva a la interrogación acerca de la esencia del trabajo humano.

Tampoco escapa a esta conciencia cristiana la evidencia de que la metafísica dualista, desde Platón en adelante, ha fortalecido la división entre el trabajo intelectual y el trabajo manual. El propio Chenu, de marcada orientación cristiana, insiste en la necesidad de suprimir todo dualismo metafísico si se quiere pensar el problema del

---

14. Ibídem, pág. 69.

trabajo con una tesitura humanista. No es casualidad que la última Encíclica haya retomado la noción tomística del ser humano como causa segunda, pues al concebir el trabajo humano como analogía con el trabajo divino y al hacer del sujeto un artífice, se desvanece la oposición entre mundo material y mundo divino. Chenu insiste en afirmar "la verdad de la materia" y que lo propio del ser humano es "estar en el mundo a través de un cuerpo". Reivindicar el mundo en que habitamos y en el que trabajamos es premisa indispensable para revalorizar el trabajo y devolverle su dimensión perdida.

En su teología del trabajo, Chenu conjuga el aporte tomístico con el de Marx y el de Heidegger, sin por ello renunciar a la vocación cristiana que lo anima. A partir de esta combinación de fuentes teóricas concibe el trabajo en base a seis rasgos que le serían específicos:

1. *La relación del hombre con la naturaleza no es la de una yuxtaposición, sino de intimidad "dinámica". Se distingue del animal por su conciencia y trascendencia: a la vez que supera la naturaleza puede distanciarse de ella para comprenderla y transformarla.* Encontramos una dimensión ecológica en este primer rasgo. La destrucción del medio ambiente que el ser humano emprende por medio del uso indiscriminado de la técnica contradice esta "intimidad dinámica" del ser humano con la naturaleza.

2. *El ser humano se perfecciona a sí mismo en el trabajo. Hay una "cultura del trabajo": un "humanismo del trabajo".* Las dos proposiciones expresadas en esta afirmación guardan estrecha ligazón. La primera alude a un progreso a través del trabajo que no se refiere a la "marcha ascendente" de la historia sino al crecimiento interior del sujeto en el proceso del trabajo. Si el sujeto se desa-

rrolla en su trabajo, lo que él aporta al trabajo también deberá plasmar en saltos cualitativos en su productividad; y el consecuente crecimiento personal se volcará en otros ámbitos de la vida, como sus relaciones interpersonales, su inserción social y su vida privada.

3. *Al mismo tiempo el sujeto con el trabajo transforma el mundo, y esta transformación se realiza bajo el signo del sujeto hombre que la modela.* Volvemos a Santo Tomás: el ser humano como artífice. Pero también volvemos al concepto hegeliano-marxista de trabajo entendido como una praxis transformadora y humanizadora. Mediante el trabajo, el sujeto humaniza el mundo.

4. *Esto es posible por la* techné, *la facultad por la cual el hombre puede actuar según su esencia, según su "ser, materia y espíritu". Esta unidad hace posible su relación con el mundo.* No debe confundirse aquí el término griego *techné* con la palabra "técnica" tal como la entendemos habitualmente. El vocablo griego alude a la aplicación práctica de conocimientos, a la utilización de las facultades cognoscitivas del ser humano en la transformación de su entorno. El término, como lo rescata Chenu, es antidualista por definición, pues en él va unido el ejercicio intelectual a la operación manual.

5. *La* techné *devela la naturaleza y la rige según la dirección dada por la raza humana. El trabajo, así, implica un proceso de racionalización, de develación de la verdad del mundo. Este proceso es un proceso de humanización de la naturaleza.* En esta proposición, Chenu combina el pensamiento marxista con observaciones sobre el pensamiento griego, lo cual permite una aproximación original al concepto de trabajo entendido como *techné.* Desde es-

ta perspectiva, humanizar el mundo y de-velar la verdad del mundo aparecen vinculados. El trabajo se reviste así de un nuevo matiz, merced al cual adquiere capacidad formativa y educadora: mediante el trabajo alcanzamos una "verdad" y esa verdad consiste en reconocer, tras objetos que transformamos, nuestro propio ser-sujetos. La verdad que aquí "acontece" se da bajo la forma de esta reunión con el mundo, o lo que Chenu llama la relación de intimidad dinámica con la naturaleza.

6. *Junto con esta racionalización, se da inevitablemente una socialización de las realidades terrestres. En el caso extremo es la sociedad y no ya el hombre individual, quien se hace sujeto del trabajo.* El trabajo implica, pues, una "razón colectiva". El ser humano es un ser social porque trabaja socialmente y viceversa.

El concepto fenomenológico del trabajo en Herbert Marcuse

En una perspectiva más fenomenológica, el trabajo se define por el *sentido* que el trabajador encuentra en su actividad, y no por nociones dadas de antemano. Visto así, estaría siendo reconceptualizado constantemente por la vivencia personal en el proceso mismo del trabajo. Las doctrinas encontrarían aquí su límite ante una noción fuerte de praxis que no remite a una esencia pre-existente. Tal noción fenomenológica es, probablemente, la que mejor se ajusta a una concepción secularizada del trabajo.

Semejante postura dificulta el esfuerzo por definir el trabajo de manera teórica y genérica. Pero, en términos concretos, permite enriquecer la comprensión del problema, pues obliga a considerar, en la situación del trabajador, *su* propia percepción de lo que hace y qué sentido encuentra en *su* actividad.

En un artículo publicado por Marcuse en 1933, titulado "Acerca de los fundamentos filosóficos del concepto científico-económico del trabajo", el autor combina la perspectiva marxista con esta perspectiva fenomenológica. Define el trabajo como *el hacer del hombre como modo suyo de ser en el mundo.* Tal hacer no construye un sujeto a priori sino que lo sitúa en un mundo dentro del cual se constituye como sujeto. Al mismo tiempo, tampoco sacrifica la individualidad del sujeto, pues el propio Marcuse agrega que "el trabajo no se define aquí por la clase de sus objetos, ni por su fin, contenido, rendimiento, etcétera, sino por aquello que sucede a la realidad humana misma dentro de él".[15]

Para fundamentar este concepto de trabajo como modalidad propia de ser-en-el-mundo del sujeto, Marcuse recurre a la definición del diccionario, donde encuentra tres acepciones del vocablo "trabajo": 1) la acción general de trabajar; 2) el objeto trabajado (este libro es mi trabajo, esta vasija es mi trabajo), y 3) la tarea o esfuerzo (tengo un trabajo pendiente, éste exige mucho trabajo). En síntesis, el trabajo como mediación entre sujeto y mundo abarca las tres acepciones. Marcuse habla de la "triple unidad del hacer, objetividad y tarea", pues "todos sus significados apuntan hacia un triple objetivo: hacia el trabajar, hacia lo-trabajado y hacia lo-por-trabajar".[16]

Marcuse alude también a la dicotomía trabajo-juego. A diferencia del trabajo —siempre forzado a utilizar y conformar objetos y a regirse por ese contenido objetivo—, el juego anula el carácter objetivo y la "ley" im-

15. Marcuse, Herbert, *Ética de la revolución* (traducción: Aurelio Álvarez), Taurus, Madrid, 3ª edición, 1970, pág. 16.

16. Ibídem, pág. 17.

puesta por los objetos, y pone en su lugar otra normatividad que el hombre establece de espaldas al mundo. Mediante estas reglas de juego, "se deroga la realidad del mundo de los objetos". De acuerdo con esto, la definición que Battaglia da al trabajo, como pura realización del espíritu, tiene más de juego que de trabajo. Mediante el juego, el ser humano "se desentiende de la objetividad", se halla a sí mismo como absolutamente autónomo, alcanzando por ende un tipo de libertad que el trabajo no le concede. Si en el trabajo se proyecta fuera de sí mismo y se "hace mundo", en el juego está consigo mismo a expensas del mundo. Actividad narcisística, comienza y termina en el sujeto sin trascenderlo y no exige el esfuerzo constante requerido por el trabajo, pues puede abandonarse en cualquier momento, sin por ello malograr la energía en él invertida. Por eso el juego es pura libertad, concebida ésta como total autonomía, mientras que la libertad propia del trabajo no es la prescindencia respecto del mundo, sino el poder de dominarlo y recrearlo.

Definir el juego ayuda a definir su reverso, el trabajo. Si el juego puede comenzarse y abandonarse en cualquier momento, el trabajo, por el contrario, exige maduración y permanencia. La discontinuidad del juego es inconcebible en el trabajo. La *duración* se expresa en el hecho de que la *tarea* (una de las acepciones del vocablo "trabajo") obliga a un continuo "estar-trabajando" y "estar-en-el-trabajo", exige una orientación vital y durable hacia la actividad ejercida. La *permanencia* se expresa en otra de las acepciones del trabajo, que alude a la objetivación: el sujeto, mediante su trabajo, produce objetos que pasan a integrar parte del mundo y de *su* mundo; el trabajo, como su actividad, no desaparece, sino que encarna en sus productos y a través de ellos permanece en el mundo. Finalmente, si el juego permite desentenderse del mundo objetivo y constituye una actividad absolutamente libre, el trabajo, en contrapartida, posee el carácter de *carga*, pues "pone el hacer humano bajo una ley ajena e impuesta: bajo la ley de la 'cosa' que se va a hacer".[17] El trabajo se modela de acuerdo con el objeto que debe tratar, de modo que en su trabajo el sujeto está constantemente remitido a algo que lo trasciende, a "algo-otro". A eso alude el carácter de carga como oposición a la autonomía propia del juego: mediante el trabajo el sujeto se hace heterónomo (o en sentido positivo: trascendente), regula su acción por condiciones objetivas exteriores a él y por obstáculos que debe superar.

Pero el trabajo no sólo consiste en una actividad dirigida a la satisfacción de necesidades mediante producción de bienes, sino que responde, en último término, a una necesidad intrínseca a la existencia humana: la de autorrealización en *duración* y *permanencia*. Estas dos categorías, que en una instancia previa Marcuse atribuyó a la naturaleza del trabajo humano, ahora las atribuye al ser propio del ser humano. Si el trabajo es un compromiso constante que se extiende en el tiempo y que permanece a través de sus frutos, lo es, en gran medida, porque lo propio del ser humano es estar en *constante* proceso de realización, de objetivación y de reconocimiento de sí mismo a través de su obra. La precariedad intrínseca del ser humano lo empuja a salir de sí mismo, volcarse continuamente en pos de una permanente ratificación de su existencia, una continua confirmación de que es capaz de trascender esa precariedad con que llega al mundo, transformándolo conforme a sus necesidades.

Pero para realizar sus posibilidades, el ser humano debe salir de sí mismo, "perderse" en el mundo mediante su actividad, para luego recuperarse con conciencia de

---

17. Ibídem, 22.

su vinculación con el mundo.[18] Al volcarse al mundo en su actividad y transformarlo, el sujeto también se somete a la legalidad que rige al mundo, cae "bajo la ley del objeto". Es por eso que el carácter de *carga* es propio del trabajo ("ganarás el pan con el sudor de tu frente"), pero esa negatividad esconde un efecto positivo, pues en esa vivencia de carga el ser humano recurre a sus capacidades, despliega sus potencialidades y se percibe en su entera dimensión humana.

Marcuse agrega a este respecto una visión macrohistórica en la cual el carácter de "carga" del trabajo obedece a que éste es aún esclavo de las necesidades. Cuando el ser humano supere, mediante el propio trabajo, el "reino de la necesidad" de que hablaba Marx, entonces la modalidad del trabajo asumirá otro carácter, pues tendrá como punto de partida lo que el trabajo hasta ahora ha tenido como punto de llegada: la actualización del ser humano como ser-en-el-mundo. El "Reino de la Libertad", al que alude Marcuse parafraseando a Marx, no implica la desaparición del trabajo (pues éste es parte esencial en el modo de ser propio del hombre), sino la apertura de esta actividad a esferas distintas de la producción y reproducción material de la sociedad. Entonces puede hablarse del trabajo como una actividad cuya finalidad será ella misma, y cuya motivación existencial no radicará en una

---

18. Georges Bataille afirma lo contrario, a saber, que el mundo del trabajo es el mundo de lo útil, del cálculo y de la razón, y que la necesidad humana de trascender la esfera del cálculo —necesidad de *perderse*— se moviliza en ámbitos que mantienen, respecto del trabajo, una relación antitética: el sacrificio, la fiesta, la risa, la experiencia mística, la poesía. Para Bataille, el trabajo no es, por su propia naturaleza, esa actividad en la que el ser humano se pierde, sino por el contrario, una actividad centrada en la *continuidad* de lo social, en la persistencia, en la autoproducción. Así, Bataille comparte en buena medida la concepción del trabajo como actividad que inexorablemente restringe el espectro vivencial al campo de la utilidad, y funda la sociabilidad en el ámbito de las *cosas*, los *bienes*, lo *útil*. (Véase: Bataille, George, *La part maudite*, París, Les Éditions de Minuit, 1967.)

precariedad a superar sino en una plenitud a desplegar. En esa diferencia radica el tránsito —o la tensión— desde la necesidad del trabajo a su libertad.

La ambivalencia, una vez más

El trabajo es a la vez fuente de liberación y de sometimiento; esta ambivalencia atraviesa el pensamiento crítico contemporáneo, que se pregunta en qué medida la centralidad asignada al trabajo por las ideologías industrialistas y emancipatorias del siglo XIX posterga otros campos de la interacción humana que tienen mayores posibilidades de liberación, de construcción de sentido y de creatividad. La apuesta, en tal caso, más que liberar el trabajo, es liberarse del trabajo. Habermas, por ejemplo, critica la idea de que la totalidad de la vida social sea reducible a la racionalización productiva propia del trabajo moderno, y reivindica los "mundos de vida" como aquellos campos de la vida humana no "colonizados" por este tipo de racionalización productiva, y donde las personas pueden darse mayores márgenes de autonomía y mayor diversidad de contenidos. Con su crítica del trabajo, en *La condición del hombre moderno*, Hanna Arendt plantea la misma idea. Según ella, "sostener que el trabajo constituye el centro de la sociedad y el vínculo social principal significa defender una concepción muy pobre del vínculo social y supone negar que el orden político tenga una especificidad que lo distinga del orden económico [...] supone olvidar que la sociedad tiene otros fines además de la producción y de la riqueza [...]".[19] Para Arendt, la visión determinista del trabajo (el trabajo co-

---

19. Méda, Dominique, *El trabajo: un valor en peligro de extinción* (traducción: Francisco Ochola Michelena), Gedisa, Barcelona, 1995, pág. 143.

mo centro determinante de la vida humana) es un reduccionismo productivo-económico, cuyo mayor costo es postergar lo que es esencial para la realización de las personas: la obra, la acción, el pensamiento.

La ambivalencia en el valor del trabajo atraviesa la filosofía crítica, desde el marxismo decimonónico hasta el humanismo socialista de mediados del siglo XX. De una parte, el discurso aboga por superar la alienación del trabajo, pero la utopía oscila entre la superación del trabajo *per se* y la glorificación del trabajo como fuente de creatividad y sentido. La semántica de los autores marxistas sugiere la urgencia por modificar las condiciones del trabajo: "'Trabajo asalariado', 'trabajo mercantilizado', 'trabajo abstracto', son otras tantas expresiones usadas por estos autores como si debiéramos sobrepasar estas formas 'monstruosas' que el trabajo, a su pesar, ha adoptado, para dar con otras más acordes con su esencia".[20] Desde esta perspectiva (que también incluye la crítica cristiana al capitalismo industrial), las condiciones históricas actuales inhiben la esencia humana, entendida ésta como "praxis" transformadora del mundo —disposición creativa en lo personal y producción asociada en lo social—. La utopía es una utopía del trabajo "liberado" más que de libertad respecto del trabajo.

La opción por glorificar el trabajo (más que por suprimirlo) no es de extrañar si consideramos que el capitalismo industrial coloca en el trabajo el pilar de la integración social. Esta idea permanece en las tres vetas aludidas —marxista, cristiana, humanista—. El trabajo nos socializa en la norma, y nuestro aprendizaje apunta hacia el trabajo como campo en que cada cual contribuye al desarrollo colectivo, en un pacto social que nos obliga a un trato entre iguales: "La noción de vínculo social se basa, por tan-

---

20. Méda, Dominique, *El trabajo: un valor...*, ob. cit., pág. 18.

to, en la de reciprocidad, contrato social o utilidad social: mientras aporto mi contribución a la sociedad, desarrollo mi sentimiento de pertenencia, quedo ligado a ella, porque la necesito y le soy útil".[21]

En el propio Marx, el trabajo es positivo y negativo. El camino a la utopía en Marx estaría eslabonado entre dos estadios. Habría una primera fase de "batalla por la productividad", en la que el trabajo todavía es parte del reino de la necesidad y debe racionalizarse al máximo para llevar a la humanidad a un grado de producción y control de la naturaleza, y a un nivel tal de mecanización de las tareas productivas básicas, que permita el tránsito hacia el reino de la libertad. Este último —la segunda fase— es aquel en que el trabajo se libera del yugo de la escasez y se hace libre: asociación autónoma entre seres humanos que de manera no coactiva se relacionan para producir creativamente, y para hacer de la actividad asociada una fuente de realización personal. De este modo, las ambivalencias del marxismo se resolverían periodizando el lugar del trabajo desde el capitalismo industrial hasta el comunismo "final": desde el trabajo en su máximo grado de tensión productiva, al trabajo en su máxima libertad creativa y asociativa.[22]

Pero esta solución no está exenta de problemas conceptuales. ¿Podemos seguir llamando *trabajo* a la actividad libremente elegida y ya desvinculada de las obligaciones de la producción material? ¿En qué consiste este trabajo "libre", en pura comunicación entre individuos que se asocian mientras las máquinas hacen la dura labor de extraer y transformar los frutos de la tierra? ¿Por qué,

---

21. Méda, Dominique, *El trabajo: un valor...*, ob. cit., pág. 21.

22. Irónicamente, el yerno de Marx, Paul Lafargue, escribió el ensayo *El derecho a la pereza*, retomando la utopía de la liberación del asalariado por la máquina, y el acceso próximo, para todos, del "plaisir des loisirs" (el placer de los ocios).

entonces, llamarlo trabajo? ¿Por qué no directamente plantear que la esencia humana se transforma al superar la escasez y conquistar la libertad, y que más allá, en el mentado reino de la libertad, el trabajo ya no es el mecanismo decisivo ni para la integración social, ni para la realización personal, ni para la entereza moral?

Las ambivalencias frente al trabajo parecen ser un *leitmotiv* decimonónico. No sólo es cosa de Marx. Las luchas políticas entre socialistas y liberales muestran otra dicotomía: reclamo del derecho al trabajo en unos *versus* reclamo de libre mercado del trabajo en otros. También está muy presente la dicotomía entre quienes conciben el trabajo como simple medio para ganarse la vida y los que le asignan una función central en el desarrollo de la libertad creadora de las personas. Todo un mito del trabajo como autorrealización recorre el siglo XIX, inspirado en las arcas doctrinarias del marxismo, el humanismo y el cristianismo.

TERCERA PARTE:
PERSPECTIVAS DE UN CONCEPTO

XI | *El trabajo en su perspectiva actual*

Desde la década de 1960, nuevos escenarios irrumpen en el mundo laboral. El desarrollo tecnológico y las exigencias de productividad creciente en los países capitalistas avanzados han generado nuevas transformaciones tanto en las prácticas como en las organizaciones del trabajo. Estos cambios afectan las rutinas productivas, la división entre trabajo manual e intelectual (o entre trabajo mecanizado y trabajo creativo), las formas de gestionar y organizar los procesos de producción, y la relación entre oferta y demanda de trabajo. Llámese Tercera Revolución Industrial, robotización del sector secundario e informatización de los servicios, desarrollo del sector "inteligente" o de la sociedad del conocimiento: el hecho es que las últimas tres décadas registran no sólo nuevas formas laborales sino también, y desde allí, una fuerte línea especulativa que repiensa el trabajo a la luz de dichas dinámicas. Esta fuerte reflexión tiene su centro en los países donde han sido más masivos los efectos de la Tercera Revolución Industrial, pero irradia hacia otras zonas del mundo a medida que se difunden, correlativamente, las nuevas tecnologías de producción. Recordemos que la frontera tecnológica no sólo se va renovando a inédita velocidad, sino que también se difunde con una aceleración sin precedentes desde los lugares iniciales de innovación hacia el resto del planeta. Más aún cuando es parte del nuevo orden productivo la deslocalización de las empresas, la globalización de la economía y la apertura de los mercados.

No debe sorprender, por ende, que a partir de la década de 1960 se registre en países industrializados una abundante literatura especulativa en torno del futuro del trabajo. Cientistas sociales con diversos enfoques y desde preocupaciones distintas vaticinan las formas que el trabajo va a adoptar en los próximos veinte años, proyectándose, muchas veces, en un mundo donde a su juicio se multiplicarán las opciones de autorrealización y la actividad creativa será la tónica dominante en la vida de las personas. Se especula con que las condiciones materiales derivadas del progresivo impacto tecnológico proveen —o proveerán— un marco objetivo donde la utopía se encarna en una realidad al alcance de la humanidad. La producción robotizada, el trabajo computarizado y el desarrollo de las comunicaciones constituyen, desde esta perspectiva, la base material para la construcción de una sociedad largamente soñada, donde los individuos tendrían la posibilidad de desarrollar una vida plena de sentido. El mundo feliz *ad portas*: basta un cambio en la asignación de recursos, reducir el innecesario aumento anual del ingreso per cápita para destinar sumas millonarias a la educación, el bienestar social, la reducción de las jornadas de trabajo, las ofertas de desarrollo personal y la recreación-creativa. Estas medidas parten de las utopías "sesentistas" contra la sociedad de consumo, siguen con la propuesta de "Crecimiento Cero" en los años setenta y su discurso humanista-ecologista, y se refuerzan con la euforia tecnológica de los futurólogos, que ven cristalizarse a corto plazo el viejo sueño moderno de sustituir el trabajo humano por el trabajo de las máquinas. Propuestas heterogéneas en sus enfoques pero que confluyen en esta idea común de dar forma al anhelo eudemónico de traer mayor bienestar y felicidad al planeta.

Por una curiosa dialéctica, ésta es la profecía marxista puesta al revés. Comparte con ella la idea de un futuro no muy lejano en que la vida social de los hombres habrá desterrado el fantasma de la alienación: un futuro armonioso, con la técnica al servicio del ser humano y la realización de las potencialidades personales al alcance de todos. Pero esta opción no exigiría la expropiación de los medios productivos ni la abolición de la propiedad privada, sino una salida más del estilo de la socialdemocracia, o una ampliación casi ilimitada de los mecanismos competitivos del mercado para la optimización de los factores y la asignación del producto, o una "Tercera Vía" entre las dos precedentes.

Sin embargo, las proyecciones suelen incurrir en una simplificación causalista. Me explico: conforme a los postulados del marxismo ortodoxo, un cambio radical en las relaciones de producción de la sociedad modifica la sociedad en su conjunto y la conciencia de los hombres, a la vez que permite superar la recurrente deshumanización en que el capitalismo sume al trabajo. En la futurología puede encontrarse una postura análoga: la forma de pensar y de sentir de las personas cambiaría a partir de una transformación de la estructura productiva, acompañada, a veces, de una estrategia nacional encaminada a una nueva forma de utilizar los recursos. Ambas corrientes tienen la esperanza de liberar al sujeto del yugo del trabajo y, con ello, precipitar el advenimiento de la "verdadera" historia humana: la superación del "reino de la necesidad" y su sustitución por el "reino de la libertad".

Si la profecía de Marx no se cumplió, ¿qué nos hace pensar que las esperanzas de los futurólogos de estos últimos decenios tienen mayor fundamento? La base especulativa suele coincidir: un desarrollo enorme de las fuerzas productivas liberará a la humanidad del peso del trabajo, reduciendo sustancialmente las horas que deberemos dedicar a la producción y reproducción material de la sociedad, humanizando lo que quedaría de trabajo por realizar. Hay, claro está, importantes diferencias. En la actualidad, el material analítico que aportan las ciencias sociales es mucho más copioso. Los futurólogos de hoy se apoyan en contribuciones hechas por la psicología, la sociología, teorías de organización y de relaciones industriales, y sobre todo en el potencial y la flexibilidad que auguran la informática y las telecomunicaciones. Otra diferencia importante es que las actuales profecías prefieren evitarse la idea de una revolución que Marx concebía como necesariamente violenta para el advenimiento de un nuevo orden.

En su estructura productiva, social, cultural y étnica, el mundo actual es más heterogéneo que nunca, a la vez que la globalización tiene también sus valores y estéticas hegemónicos que tienden a estandarizar los gustos y las preferencias. Pero tal como los beneficios del progreso no se difunden de manera equitativa y tienden, por el contrario, a la mayor concentración, así también la globalización cultural pone de manifiesto las diferencias en las visiones de mundo y acentúa las resistencias locales a las fuerzas globales. Pensar en la marcha ciega del progreso como garantía de que en el futuro la humanidad va a homogeneizarse de manera ascendente y veloz es, a todas luces, una simplificación. El ambiente de un futurólogo que investiga desde una universidad norteamericana es radicalmente distinto del de un zafrero en Centroaméri-ca o un obrero de Taiwán, un aborigen australiano o un agricultor en China. La revolución tecnológica cambia el perfil del trabajo, pero no lo hace de manera uniforme, ni necesariamente lo libera. ¿Con qué fundamento puede hablarse, por último, de sociedad postindustrial en la India o en Bolivia, de la cultura de la cibernética entre los aborígenes del Amazonas o las tribus de Kenya?

Se puede objetar, al respecto, que la revolución tecno-lógica en el ámbito de las comunicaciones permite redu-cir al mínimo el tiempo que media entre un descubri-miento científico y su uso productivo y generalizado en distintas latitudes del mundo. Lo que antes tardaba un si-glo en diseminarse por la Tierra, hoy tarda un par de años, y ese lapso tiende a reducirse cada vez más. Pero tampoco esto da pie para pensar en un mundo "homogé-neamente" libre del yugo del trabajo o de las formas más duras de trabajar. No hay un impacto tecnológico, sino muchos, y la inserción de la técnica tiene consecuencias económicas sociales y culturales muy diversas en distin-tos lugares y países. Más aún, el impacto tecnológico ha tendido hasta ahora a agudizar la heterogeneidad de las estructuras socio-productivas y a polarizar diferencias so-ciales y culturales, así como a generar agudos problemas de desempleo, suscitando reacciones simultáneas de ad-hesión y de rechazo. Nunca antes el trabajo fue tan diver-so, cualitativa y cuantitativamente, como lo es ahora, y nunca fue tan vasta la gama de perspectivas frente al tra-bajo. Nunca como ahora fue tan heterogénea la capaci-dad productiva del trabajo, su abanico de motivaciones, sus formas de gratificación y de frustración. ¿Por qué pensar, entonces que este mismo desarrollo tecnológico, que resulta agudizador de tensiones, polarizador de desi-gualdades y diversificador de actitudes y comportamientos, va a habilitar, merced a su propia dinámica, una tendencia opuesta, unitaria, universalista?

Los futurólogos antes del Gran Desempleo

Hasta comienzos de la década del '80, todavía contábamos con un orden económico mundial donde el empleo parecía asegurado por la expansión productiva, la absorción —por parte del sector de servicios— de la fuerza de trabajo expulsada del campo o de las fábricas, y la regulación del Estado keynesiano, que prevenía escaladas de desempleo de "dos dígitos", manteniendo así niveles aceptables de cohesión social. A partir de la inspiración de los ideólogos del Estado de Bienestar, como Marshall y Beveridge, el Estado aparecía como garante del pleno empleo, y este último como el gran resorte de integración social: "El Estado social ha sustituido la utopía socialista del trabajador liberado por el objetivo más sencillo de proporcionar al trabajador, a cambio de su esfuerzo, una cantidad creciente de bienestar y unas garantías sobre su empleo. El siglo XX ya no es el siglo del trabajo, es el siglo del empleo [...] el empleo es el trabajo entendido como estructura social, esto es, como un conjunto articulado de posiciones a las que se adscriben determinados beneficios y como una grilla de distribución de ingresos".[1]

No es de extrañar entonces que, desde mediados de los '60 hasta principios de los '80, un relativo optimismo ronde las especulaciones sobre el futuro del trabajo. El crecimiento económico, los avances de la industrialización, la disponibilidad de "plata fresca" para cubrir los grandes déficits y las grandes subvenciones sociales pro-

1. Méda, Dominique, *El trabajo: un valor en peligro de extinción* (traducción: Francisco Ochoa Michelena), Gedisa, Barcelona, 1995, págs. 110-111.

veían el marco de un pensamiento que cifró grandes esperanzas en el aumento de la productividad del trabajo. Este aumento traería consigo la posibilidad a futuro de trabajar menos horas, más creativamente, contar con mayores ingresos y más libertad para disponer del tiempo propio.

Por otra parte, la futurología del trabajo acontecía de *este* lado del Muro de Berlín y, en consecuencia, debía apostar por transitar del "reino de la necesidad" al "reino de la libertad" sin pasar por la revolución social ni la toma del poder. El resorte para transitar a la utopía debía ser la promesa de difusión tecnológica, cuyas bondades podían difundirse naturalmente al conjunto de la sociedad. La alienación del trabajo quedaría superada por el desarrollo de las fuerzas productivas sin pasar por el purgatorio de reordenar radicalmente la propiedad sobre los medios de producción. El cambio en las relaciones de producción no consistiría en un cuestionamiento del capital, sino en el *boom* de la ingeniería de la gestión empresarial y de las teorías de las organizaciones laborales.

Sin embargo, también de este lado del Muro el desarrollo productivo, combinado con las luchas entre distintos actores sociales dentro de los regímenes democráticos, generaron desde la década de 1960 nuevos campos de lucha relacionados con el mundo del trabajo. A nadie parecía extrañar en sociedades industrializadas que los obreros sabotearan las cadenas de ensamblaje, los ejecutivos abandonaran sus empresas en la cumbre de sus carreras, las mujeres lucharan por ser algo más que secretarias, las minorías se negaran a trabajos degradantes y la juventud, cada vez más consciente de la alienación, optara por renunciar a lujos y delicias de la sociedad opulenta para evitar la deshumanización de un trabajo sin grandes perspectivas (cosa que cambió en los '80 con el auge del capitalismo financiero y la "fiesta del dinero"). El impacto tecnológico ya había repercutido, hace casi cuatro décadas, en el nivel de expectativas y de exigencias de gran parte de la población activa de países altamente industrializados, y pareciera que tales sociedades se vieron a sí mismas sorprendidas en una *impasse* donde ni las fórmulas tayloristas ni las de la psicosociología industrial de ambas posguerras bastaban. Las crisis institucionales, organizativas y económicas parecen ser el punto de partida en base al cual expertos provenientes de distintos campos de investigación se lanzaron hacia el futuro en busca de una respuesta. Además, el comienzo de la *cibernación* en la década de 1960, vale decir, la sustitución de trabajo humano por la combinación de la cibernética y la automatización, planteaba inquietudes sobre el destino de la fuerza de trabajo ocupada —inquietudes que hoy ocupan el centro de las especulaciones sobre el trabajo a futuro.

Robert Heibroner[2] analizó hace más de tres décadas la evolución de la distribución ocupacional por rama de actividad en los últimos cien años en Estados Unidos en función de la elasticidad de la demanda por sector, y planteó interrogantes y enigmas muy actuales (hoy) respecto del futuro (ayer). En Estados Unidos, en 1800, el 80 por ciento de la población económicamente activa (PEA) era agrícola, mientras en 1966 sólo el 8 por ciento del total de la PEA se desempeñaba en el sector primario, el 40 por ciento estaba ocupado en el sector secundario y más del 50 por ciento, en servicios. De manera paralela, la demanda fue muy inelástica en lo que se refiere a alimentos y lo suficientemente elástica en bienes de manufactura para garantizar cierta estabilidad en el empleo industrial, mientras ha probado que en servicios es ampliamente elás-

---

2. Heibroner, Robert, *Automation in the Perspective of Long-Term Technological Change*, Seminar on Mapower Policy and Program, U. S. Department of Labor, Washington D. C., 1966.

tica. Con la revolución de la *cibernación* nos encontramos en un umbral en que el impacto tecnológico se hace sentir en el sector de servicios, que actualmente absorbe a la mayor parte de la población del mundo industrializado. Hasta la fecha (hablamos de una especulación realizada a mediados de la década de 1960), el desarrollo técnico, combinado con la elasticidad de la demanda, había resuelto el problema del empleo desplazando al grueso de la fuerza de trabajo, primero del sector agropecuario al industrial y, más tarde, al sector terciario. Si hasta entonces la redistribución sectorial del empleo dependía, por un lado de la tecnología y, por el otro, de la elasticidad de la demanda, ¿qué dirección va a adquirir con esta nueva combinación, en que la cibernética y la electrónica en general invaden el sector de servicios? ¿Dónde va a trabajar la gente?

Los futurólogos establecieron diagnósticos divergentes. Unos pusieron el acento no en el drama del desempleo, sino en la felicidad del ocio. Con la penetración tecnológica en los diversos sectores de la economía y su consecuente reducción de costos productivos y burocráticos, pensaron que el tiempo que las personas tendrían que dedicar al trabajo se reduciría sustancialmente: cuatro horas diarias durante veinte años y con varios meses al año de vacaciones. Los trabajos que, por su naturaleza, difícilmente fueran sustituidos por la tecnología y exigiesen un uso intensivo de mano de obra serían muy bien pagados, y siempre habría una fracción de la población activa con mayores expectativas de consumo y con motivaciones "hedonistas", dispuesta a ocupar esos cargos. Esto último no ha resultado así, porque de hecho aumenta cada vez más la brecha entre salarios altos del sector muy informatizado *versus* los salarios bajos de sectores que no incorporan progreso técnico en sus actividades.

En el curso de los últimos dos siglos —sostienen algunos autores—, la tecnología ha desplazado el grueso de la fuerza de trabajo del sector agrícola al industrial y más tarde del sector secundario al de servicios, y comienza ahora a generar un nuevo cambio en la distribución ocupacional. Hace ya treinta años, Peter Drucker[3] preveía la universalización del *knowledge worker* (trabajador del conocimiento), y destacaba el aumento en la proporción de la población económicamente activa consagrada a producir y distribuir información más que bienes y servicios. Según Drucker, considerar a estos trabajadores como integrantes del sector de servicios se vuelve incongruente, ya que componen contingentes tan numerosos que no tardarán en convertirse en la industria "primaria" y en la fuente central de la producción. El desarrollo en el campo del conocimiento, tanto en materia de tecnología como en psicología y teorías de organización, habría llegado a un grado tal de aceleración que se requerirán cada vez más profesionales y grupos de profesionales para su difusión y correcta aplicación. Las consecuencias de esta revolución de la "economía del conocimiento" en el trabajo no se harán esperar, pues la tensión entre las altas expectativas de estos trabajadores de la información y las oportunidades efectivas que se les ofrecen aumenta día a día. La burocracia tradicional del sector terciario se caracterizaba por cierto nivel de conformismo y por la valoración de la pertenencia, la subordinación y la seguridad; pero este nuevo sector difiere diametralmente en sus valores: su relativa independencia respecto de las clásicas instituciones burocráticas y su mayor manejo de información y de conocimientos los hace más individualistas, más exigentes y más conscientes de la importancia de su aporte en la producti-

---

3. Drucker, Peter, *The Age of Discontinuity*, Harper and Row, New York, 1968.

vidad. Les importa menos "pertenecer" a una empresa o institución que satisfacer sus expectativas de trabajo en términos de salarios y de autorrealización.

Por cierto, este llamado sector del conocimiento hoy conforma, tal cual lo previó Drucker hace tres décadas, un nuevo o "cuarto" sector que debe diferenciarse respecto del sector convencional de servicios. También es certera la visión futurista de Drucker, que describe al trabajador del sector conocimiento como más individualista, menos ritualista en sus prácticas y más celoso de su propia autonomía. Pero, tal como lo muestra Jeremy Rifkin, el nuevo sector no es mayoritario ni intensivo en trabajadores sino en tecnología; y, por lo mismo, no es capaz de absorber a la fuerza de trabajo expulsada de otros sectores, sobre todo del tradicional de servicios.[4]

La multiplicación de la información y la creciente necesidad de nuevos conocimientos en el trabajo no sólo tiene como efecto la formación de este nuevo sector de profesionales. Los futurólogos de hace dos y tres décadas coincidían en que la nueva situación llevaría a que en el futuro educación y trabajo tendieran a fundirse. La importancia central de la información en la productividad, y su incorporación cada vez más acelerada e intensiva, convertiría al trabajo mismo en una actividad innovadora y exploratoria que requerirá un continuo aprendizaje vinculado al trabajo. Marshall McLuhan[5] insistió en que esta "cotidianización" de la educación y su incorporación al marco de trabajo no sólo altera las bases del trabajo tal como se lo ha entendido hasta ahora, sino que

4. Véase Rifkin, Jeremy, *El fin del trabajo: nuevas tecnologías contra puestos de trabajo: el nacimiento de una nueva era* (traducción: Guillermo Sánchez), Paidós, 5ª reimpresión, Buenos Aires, 1999.

5. McLuhan, Marshall, *Understanding Media: The Extensions of Man*, McGraw-Hill Book Company, New York, 1964, citado en Best, Fred (comp.), *The Future of Work*, Englewood Cliffs, col. "A Spectrum Book", New Jersey, 1973.

también supera el milenario dualismo entre trabajo y ocio, entre la vida educativa y vida profesional, entre información y producción: "El futuro del trabajo —señalaba McLuhan— consiste en aprender a vivir en la era de la automatización. Esto pone fin a las viejas dicotomías entre cultura y tecnología, entre arte y comercio, y entre trabajo y ocio. Mientras en la era mecánica de la fragmentación el ocio ha sido la ausencia de trabajo, lo opuesto es cierto en la era electrónica. En la medida en que la era de la información exige el uso simultáneo de todas nuestras facultades, descubrimos que más nos consagramos al ocio cuanto más partícipes nos sentimos, muy a la manera de los artistas de todas las épocas".[6] Si bien merece tomarse con cautela el optimismo que caracterizaba a McLuhan, es indudable que una de las consecuencias del impacto de la revolución tecnológica ha sido la necesidad de una formación permanente y la confluencia de dos ámbitos que, como el trabajo y la educación, siempre se consideraron como fases separadas en la vida de las personas. La unificación de estos dos mundos necesariamente invitaría, para un utopista como McLuhan, a la germinación de un nuevo concepto de trabajo, al ensanchamiento del horizonte laboral y a la diversificación de actividades del trabajador. El continuo reciclaje del trabajo por medio del aprendizaje y el paso continuo de la actividad laboral propiamente tal a la adquisición de nuevos conocimientos rompe con el esquema pragmático de Taylor y de Ford, según el cual convenía reducir el período de capacitación de un obrero a cuestión de días o de horas. A este respecto, no era desatinado, a comienzos de los '70, abrigar esperanzas en el impacto positivo que la revolución tecnológica ejercería sobre el sentido del trabajo.

---

6. Véase Best, Fred (comp.), *The Future of Work*, ob. cit., pág. 103.

Hoy en día, la creciente necesidad de educación continua no sólo altera el espectro del trabajo, sino que también modifica sustancialmente la planificación y el uso del ocio. La reducción de jornadas de trabajo que promete el uso de la *cibernación* y la creciente necesidad de información en todos los aspectos de la vida social hace suponer que el tiempo de ocio estará cada vez más ligado a actividades formativas. La explosión de la información y la velocidad del cambio técnico tornarán a la sociedad postindustrial en una sociedad de aprendizaje. En un orden altamente tecnificado y con ingresos per cápita elevados, sería cada vez más tentadora la opción de utilizar excedentes para reducir el tiempo consagrado a actividades de repetición (trabajos mecánicos) y para generar mecanismos y formas en las que el ocio pueda convertirse en ocio formativo y en mayor uso de inteligencia creativa en el trabajo.

Un curioso análisis de proyección realizado en 1965[7] calculaba el crecimiento del tiempo de ocio y de educación en los veinte años siguientes en Estados Unidos, suponiendo que el ingreso per cápita se mantuviera constante y el crecimiento económico se invirtiera en reducir el tiempo que la población dedica a trabajar. De acuerdo con esta simulación (cuya proyección podemos considerar, *ex post*, ingenua o errada), entre 1965 y 1985 la tasa de crecimiento anual sería del 4,1 por ciento o 4,2 por ciento, la población crecería en 1,5 por ciento al año, y el promedio de desocupación alcanzaría el 4,5 por ciento. Si se considera invariable el tiempo de trabajo, el productor bruto interno (PBI) de 1985 sería 2,3 veces mayor que el de 1965, con lo cual el ingreso per cápita anual se incre-

7. Kreps, Juanita y Spengler, Joseph, *The Leisure Component of Economic Growth*, Informe de la National Comission on Technology, Automation and Economic Progress, Appendix vol. II, Washington D. C., Government Printing Office, 1966.

mentaría de 3.181 dólares a 5.802 dólares (de 1965). Pero si, por el contrario, todo crecimiento —excepto el necesario para mantener el ingreso per cápita constante en 3.181 dólares—, fuere invertido en tiempo de ocio, nos encontraríamos con fantásticas posibilidades para 1985: o bien la semana de trabajo quedaría reducida a 22 horas, o bien sólo sería necesario trabajar 27 semanas al año, o la edad de jubilarse bajaría a 38 años. Si la elección se formulara para dedicar el tiempo ocioso ganado a la recapacitación en el trabajo, casi la mitad de la población activa podría invertir ese tiempo en cursos de capacitación y, en caso de optarse por la educación formal, la cantidad de tiempo disponible para esos fines probablemente excedería la capacidad normal del individuo para absorber educación.

Si bien la proyección puede resultarnos algo extemporánea a la luz de los hechos, lo que merece ser destacado aquí es la pregunta acerca de las posibilidades de opción entre ritmos de crecimiento económico, y el destino social y cultural que se les asigna a los frutos del crecimiento. La década de 1970 fue prolífica en utopías de "calidad de vida", sobre todo en el medio europeo y de organismos no gubernamentales, donde se proponía sacrificar parte del crecimiento económico en aras de mayor bienestar, más posibilidades de realización y crecimiento personal, menos energía dedicada al trabajo y cambios valóricos. Si bien estas opciones parecen hoy constreñidas por un orden global en el que la disyuntiva es "competir o morir", sigue siendo válida la pregunta que une estilos de desarrollo a estilos de vida.

La aventura de reordenar el tiempo para el trabajo y el ocio enfrenta diversas objeciones. Una es que el mundo industrializado, sobre todo el de Estados Unidos, sigue regido por una ética centrada en el trabajo que no es tan fácil dejar de lado; o que la cultura moderna ha centrado la autoestima en la productividad y no en el uso recreativo del tiempo. Al parecer, los valores éticos no cambian en la actualidad con la misma velocidad que las condiciones materiales de la sociedad: McLuhan tenía algo de razón cuando planteaba la metáfora de que manejamos el automóvil con la mirada fija en el espejo retrovisor. Esto podría constituir un obstáculo en la opción por trabajar menos y producir menos en un país altamente industrializado, pero semejante obstáculo tampoco es insalvable. Con el aumento exponencial de posibilidades informativas y formativas que suministra la revolución de la cibernética, y su uso difundido, no es utópico pensar en una reacomodación dinámica de los proyectos vitales de los individuos e ir construyendo consensos en torno a opciones tales como la de trabajar menos a expensas de un crecimiento económico acelerado. Esta argumentación era muy frecuente hasta antes de las crisis del empleo de la década de los '80.

En lo que concierne al trabajo, la mutación de valores reviste vital importancia. En la vida contemporánea conviven sedimentos de diversas visiones del trabajo, incorporados en diversos estadios históricos, bajo múltiples cosmovisiones y según diferentes patrones tecnológicos y productivos. Difícil resulta, pues, hablar de un concepto único de trabajo en la actualidad. Nos encontramos, por el contrario, con un conjunto de matices que se combinan en diversas proporciones entre individuos, clases sociales, identidades culturales y sectores ocupacionales de nuestra sociedad. Esta heterogeneidad, por un lado, obliga a pensar que el impacto de las nuevas tecnologías no sólo varía por sus modos de inserción, sino también por la significación que asume en los receptores. Por otro lado, la creciente heterogeneidad en los niveles de productividad puede mermar lazos de solidaridad y cooperación orgánicas en el trabajo, dado el creciente individualismo de los nuevos exitosos y la falta de apoyo social a los nuevos fracasados. Dicho de otro modo: mientras el progreso técnico se difunda de manera tan desigual, quienes se incorporan exitosamente a la sociedad del conocimiento se desvinculan de los problemas que aquejan a los rezagados, que ven deteriorados sus salarios y sus perspectivas de estabilidad laboral. La flexibilización laboral opera a dos puntas: mayor libertad y creatividad en los altamente tecnificados, mayor pobreza y marginalidad en los de baja actualización.

Podría argumentarse que, frente a la amenaza de la desintegración social provocada por los veloces cambios técnicos, una moral unitaria de trabajo permite grados "saludables" de cohesión social y de organización solidaria. Así, sobre los cimientos de esta moral se gestan y aseguran valores tales como los de compromiso social, pertenencia a un mundo productivo y sentido de colectividad. El trabajo ha cumplido históricamente la función de poner en marcha la participación social y la sociabilidad misma. También ha tenido la función contraria: alienar, atomizar, oponer unos individuos a otros. Ante esta tensión, una moral de trabajo permite oponer a la alienación y a la atomización señales de convivencia solidaria, cooperación e integración. No quiero decir con esto que basta una moral de trabajo para precaverse contra cualquier efecto potencialmente nocivo de las innovaciones tecnológicas. El argumento contrario, según el cual una moral cohesionada de trabajo rigidiza a la sociedad frente al desarrollo técnico y a las nuevas opciones organizativas, no puede tampoco soslayarse. Sea cual fuere el caso, la sociedad industrial ha promovido hasta ahora como imagen dominante la del *homo œconomicus*, en función de la cual el trabajo se ve regido más por la competencia que por la solidaridad social.[8] Un cambio en materia de opciones, encaminado a sacrificar la acumulación y el consumo indiscriminados, puede contribuir a menguar el peso del economicismo en la vida social de los individuos y, por ello, promover una participación más generosa y menos compulsiva. Por último, la *gestión* de los trabajadores y la *apropiación* de la tecnología (entendida como capital) no dejan de ser fundamentales para enfrentar el desafío "alienación *versus* liberación" bajo nuevas condiciones técnicas de trabajo.

Como lo señalaba Fred Best[9] en 1973, el desarrollo de la *cibernación* expande nuestras opciones y nos sitúa ante tres alternativas que reflejan valores distintos: 1) aumentar nuestro consumo de bienes y servicios; 2) hacer más placenteras las situaciones de trabajo, y 3) permitirnos más tiempo fuera del trabajo. Según Best, las opciones debían ser individuales y el cambio de modalidad, gradual. De esto último no cabe duda, pero lo primero depende mucho de la forma y medida en que una opción individual repercuta en el entorno laboral. Cabe plantearse, al respecto, la viabilidad de combinar, en un mismo lugar de trabajo, opciones personales diversificadas entre gratificaciones económicas, reducción de jornadas de trabajo y optimización de las condiciones de trabajo. Los futurólogos coinciden en que el porvenir, extendiendo

---

8. Pero este supuesto es cuestionable, pues nada fuerza a aceptar que la competencia es *intrínseca* al mundo del trabajo y rasgo esencial de él. Hay experiencias históricas y realidades concretas donde los módulos organizacionales del trabajo refuerzan la participación en un sentido contrario a la competitividad. Estas realidades no sólo incluyen experiencias de "vanguardia" en plantas industriales, sino también organizaciones de base que, desde el sector informal del trabajo en grupos de bajos ingresos, han generado espontáneamente relaciones de trabajo fundadas en valores no-competitivos.

9. Best, Fred (comp.), *The Future of Work*, ob. cit.

tendencias ya incipientes, nos aguarda con marcos institucionales y operativos de trabajo más flexibles donde el margen individual de las opciones puede ampliarse sustancialmente.

Cuando las máquinas empiezan a hacer las tareas que tradicionalmente han hecho las personas, se requieren nuevas formas de organización adecuadas a las nuevas modalidades de trabajo humano. Estas modalidades exigen un orden flexible, y por ello Alvin Toffler en su "Shock del futuro" afirmaba hace casi tres décadas que somos testigos no del triunfo, sino del colapso de la burocracia.[10] Según Toffler, el tradicional "Cuadro de Organización" que detallaba la función de cada trabajador se vio rebasado por el intenso ritmo de las innovaciones, y hoy día las líneas organizativas cambian a tal velocidad que el Cuadro de Organización de hace tres meses es una antigüedad. Las organizaciones se modifican a velocidades crecientes y la flexibilidad se convierte en prioridad número uno. El concepto de revolución permanente se aplica ahora a la vida organizacional, y cada vez más administradores reconocen que en un mundo de acelerados cambios organizacionales éstos deben considerarse parte habitual de un proceso y no ya experiencias traumáticas ocasionales. Toffler postulaba la muerte de la burocracia y su sustitución por lo que denominó *ad-hocracia*, es decir, un marco organizacional flexible y dinámico que centra el trabajo en *task-teams* (grupos que se asocian para la ejecución de una tarea específica y que luego se disuelven con la misma naturalidad).

Esta *ad-hocracia* rompe las jerarquías burocráticas y haría posible una mayor iniciativa en el trabajo, además de simplificar y dinamizar la toma de decisiones. En este marco, el espacio para opciones individuales se amplía

10. Véase Toffler, Alvin, *Future Shock*, Random House, New York, 1970.

considerablemente, por lo que la tesitura de Best, según la cual corresponde a cada individuo optar entre aumentar sus ingresos o reducir su tiempo de trabajo, no resulta tan utópica. También Warren Bennis y Philip Slater aportaban argumentos en esa dirección[11] al señalar que la organización del trabajo en el futuro requiere de un proceso de democratización organizacional, no sólo por cuestiones morales sino también por fines operativos. Según estos autores, "la democracia se convierte en una necesidad funcional cada vez que un sistema social compite por sobrevivir en condiciones de cambio crónico".[12] Por otro lado, Edward Ryterban y Bernard Bass[13] sostenían hace más de veinticinco años una postura análoga, pero a partir de observaciones muy distintas. Según ellos, "actualmente (1973) los jóvenes se cuestionan la estructura establecida y desafían la legitimidad de los patrones de vida de los adultos. Los estudiantes de hoy son más activos, individualistas e insistentes en exigir que el trabajo, además de productivo, tenga sentido. Los valores de autoactualización y libertad personal revisten mayor importancia. Si las organizaciones han de captar a muchos jóvenes brillantes de hoy, tendrán que aceptar, permitir y planificar, para estos nuevos miembros de la fuerza de trabajo, estilos de vida altamente individuales y personalizados".[14] Los mismos autores ratifican la observación de Toffler, a saber, que los grupos de trabajo desplazan cada vez más a las tradicionales instituciones de trabajo. Por su parte,

---

11. Citado por Best, Fred (comp.), *The Future of Work*, ob. cit.

12. Best, Fred (comp.), *The Future of Work*, ob. cit., pág. 80.

13. Dunnette, Malvin D. (comp.), *Work and Nonwork in the Year 2001*, Books/Cole, Monterrey, California, 1973.

14. Ibídem, pág. 87.

Lyman Porter[15] señalaba, también hace un cuarto de siglo, que en el futuro los altos niveles de funcionamiento organizacional podrían convertirse en el medio para la gratificación directa y personal.

Esto llevaría a pensar en una cuarta opción, de carácter colectivo, que haría más viable la convivencia de las tres sugeridas por Fred Best. Esta opción corresponde no ya al individuo sino a la organización, y reside en la inversión de tiempo y dinero para la optimización/flexibilización de la organización, a fin de hacer viable un marco social de trabajo donde cada individuo opte entre las alternativas señaladas (mayores salarios, más tiempo de ocio o mayor autorrealización en el trabajo), sin perturbar con ello el funcionamiento global.

Pero tanto las previsiones de Best como las de Toffler respecto de la expansión de opciones individuales en el trabajo soslayaron variables como la competencia entre las empresas, la concentración de decisiones de gestión y organización en manos de unos pocos expertos, y la racionalidad de ganancias en dinero por la cual se rigen gerentes y propietarios de las unidades productivas. Si las nuevas tecnologías tienden, como querían verlo algunos futurólogos, a ligar eficiencia productiva con democratización de las decisiones, esta tendencia no es causa suficiente para cambiar las relaciones intraempresariales. Sigue pendiente y candente la cuestión del poder sobre los factores productivos, cuestión decisiva en la expansión de opciones individuales que auguran las nuevas tecnologías, y en los límites para hacer del trabajo un actualizador de potencialidades humanas.

En la medida en que sea posible expandir las opciones en el trabajo, se expandirán también las prioridades

---

15. Porter, Lyman, *Turning Work Into Nonwork: The Rewarding Environment*, en Malvin D. Dunnette, *Work and Nonwork...*, ob. cit.

humanas encaminadas a las necesidades superiores de la escala de Maslow (identidad personal, realización de ideales, búsqueda de nuevas vivencias, crecimiento interior).[16] Esto es consustancial con la diversificación en todos los aspectos de la vida y con la tendencia a individualizar cada vez más las metas y su consecución. Esta individualización conllevaría a conceptos más variados de trabajo, por lo que resulta muy difícil vaticinar la futura visión que las personas tendrán de su actividad laboral.

Los individuos se forjarían, posiblemente, dos visiones coexistentes del trabajo: un concepto general, muy amplio y que tome en cuenta el conjunto de motivaciones comprendidas en la escala de Maslow, y una visión personal y específica relativa a su caso particular y su vivencia irreductible del trabajo. La creciente diversificación de actividades ejercidas por los miembros de una sociedad deberá complementarse, en la conciencia de cada uno de estos miembros, con la convicción de que el trabajo resiste toda definición unilateral y que su concepto exige un alto grado de flexibilidad acorde con la flexibilidad de los hechos.

Muchos factores inciden en el cambio hacia un nuevo concepto de trabajo. Según lo creían Ryterband y Bass,[17] no se limitan al cambio en la distribución de la fuerza de trabajo por rama de actividad, sino que incluyen también el crecimiento demográfico, la revolución en las expectativas, la agudización de la brecha generacional, la transformación de la cultura popular y la declinación de las instituciones tradicionales. Tales tendencias apuntarían, según los autores mencionados, a cambios en la naturale-

---

16. Véase Maslow, Abraham, *Motivation and Personality*, Harper and Row, New York, 1970.

17. Ryterband, Edward y Bass, Bernard, *Work and Nonwork: Perspective the Context of Change*, en Dunnette, Malvin D., ob. cit.

za, el significado y las instituciones de trabajo. Estos cambios fueron "revisitados" a comienzos de los '80 por *La tercera ola*, el *best-seller* de Alvin Toffler que pretendía brindar una radiografía de los impactos de la cibernética y la automatización en la modalidad del trabajo. Toffler prestó especial atención al acelerado desarrollo de la computación, y recogió una curiosa comparación formulada por la revista *Computerworld*, en la que se afirmaba que "si la industria automovilística hubiera hecho lo que la industria de las computadoras ha hecho en los últimos treinta años, un Rolls-Royce costaría dos dólares y medio y recorrería un millón de kilómetros por litro".[18]

La invasión de los hogares norteamericanos por las microcomputadoras baratas, conectadas con bancos, tiendas, oficinas públicas y con vecinos y lugares de trabajo, no sólo está en camino de remoldear la actividad comercial, desde la producción hasta la venta al por menor, sino también la naturaleza del trabajo y la estructura de la familia. Por otra parte, la *cibernación* altera el espacio de trabajo y hace innecesaria la presencia física y el manejo de maquinaria, mientras el hogar electrónico evitaría los problemas de la comunicación, anexando el trabajo al hogar. Señala Tofller: "La cuestión clave es: ¿cuándo el coste de instalar y manejar un equipo de telecomunicaciones será inferior al coste anual de los desplazamientos de personal? [...] En 1975, si nada más que entre el 12% y el 14 % de los desplazamientos de trabajadores hubieran sido sustituidos por el trabajo a distancia, los Estados Unidos habrían eliminado por completo la necesidad de importar gasolina del extranjero".

El impacto de la computación radica sobre todo en su propio ritmo de autosuperación. Al describir la crisis del

18. Citado por Toffler, Alvin, *La tercera ola* (traducción: Adolfo Martín), Plaza y Janés, Barcelona, 1980, pág. 147.

empleado de oficina ante las computadoras, Toffler hacía notar que mientras en la última década la productividad de oficina se ha elevado apenas en un cuatro por ciento, el rendimiento de la computadora ha aumentado diez mil veces en los últimos quince años y el costo por función actual ha bajado cien mil veces. La relación entre la inserción de la *cibernación* y el aumento en los índices de desempleo estructural, dice Toffler, no tiene por qué ser necesariamente proporcional: "Según un estudio realizado sobre siete naciones, entre 1963 y 1973 Japón tuvo la más elevada tasa de inversión en nueva tecnología, como porcentaje de valor añadido. Tuvo también el más elevado aumento de empleo. Gran Bretaña, cuya inversión en maquinaria fue la más baja, mostró la mayor pérdida de puestos de trabajo [...] Está claro que el nivel de empleo no es un mero reflejo del avance tecnológico. No aumenta y disminuye simplemente cuanto automatizamos o dejamos de hacerlo. El empleo es el resultado final de muchas políticas convergentes".[19] Si bien el argumento contrastaba los temores con respecto al desempleo tecnológico de la Tercera Revolución Industrial, como veremos más adelante estas esperanzas de Toffler encuentran poco eco en las reflexiones actuales más relevantes sobre el trabajo y sus tendencias.

En resumen, hasta comienzos de los '80 los futurólogos optimistas tendieron a coincidir en que: 1) en el futuro se trabajaría menos; 2) el trabajo estaría cada vez más ligado a otros ámbitos, como la formación permanente y el mejoramiento de las relaciones humanas; y 3) el impacto tecnológico generaría formas más flexibles de organización, con mayor autonomía y participación del trabajador en las decisiones de gestión.

---

19. Ibídem, pág. 195.

La crisis del trabajo en la era postindustrial

Hoy día no es fácil mantener la euforia de la futurología de las décadas del pleno empleo o del Estado de Bienestar. La realidad del trabajo en todo el mundo es hoy crítica, tanto por la crisis del empleo como por la incertidumbre respecto de cómo mantener (o crear) protección social frente a dicha crisis. El desmoronamiento se refleja en el desempleo masivo, la precarización de las condiciones laborales, la inestabilidad que genera la flexibilización del trabajo y de los contratos, y la aparición de situaciones intermedias entre el trabajo reconocido y la desocupación. Para la periferia latinoamericana, todo esto irrumpe en un contexto endémicamente precario, donde en muchos países son más los trabajadores informales que los empleados en el sector formal-moderno de la economía. De hecho, "la sociedad actual tiende a disminuir los puestos de trabajo, sin que ello conlleve la reducción de la jornada laboral. En los países industrializados, esta jornada sólo se ha reducido mínimamente, dividiéndose en dos mitades para los subempleados. Un gran número de trabajadores se ha visto obligado a realizar diversos trabajos a tiempo parcial, lo que supone un aumento en su jornada de trabajo. En los trabajos donde impera la automatización, se hace más trabajo en menos tiempo, intensificándose la explotación humana."[20]

Los futurólogos de décadas pasadas y los cientistas sociales actuales concurren en una percepción común. Rifkin, Bell, Toffler, Gorz y otros consideran que la Tercera Revolucion Industrial, la de la informática y las telecomunicaciones, liquida toda perspectiva del pleno em-

---

20. Tapia González, Bernice, "¿El fin del trabajo? Debates desde una mirada moderna, postindutrial y postmoderna", en *Revista de Ciencias Sociales*, n° 5, Universidad de Puerto Rico, junio de 1998, pág. 59.

pleo. No hay, de hecho, sectores nuevos para absorber la fuerza de trabajo. Sólo se expanden los puestos de trabajo "intensivos en conocimiento y tecnología", mientras se reduce el trabajo en agricultura, industria y servicios.[21] El único sector que puede jactarse de un horizonte en expansión es la pequeña élite de empresarios, científicos, técnicos, programadores, asesores y profesionales incorporados al mundo informatizado. Más que una sociedad de trabajadores, lo que se perfila es una sociedad de contrastes donde aumenta el entretenimiento, el consumo y la exclusión. Adquiere forma clara la visión posfordista que emergió a mediados de los 60 en boca de los futurólogos citados anteriormente en el presente capítulo. En los hechos, el posfordismo se ancla cada vez más en la reingeniería y la nueva organización de la empresa y del trabajo. Pero lamentablemente esta reingeniería, vista en perspectiva más amplia, aumenta la inequidad, la brecha salarial, la expulsión de trabajadores del empleo y la concentración de los beneficios en una nueva élite "inteligente".[22] La competitividad aumenta, pero en un orden globalizado que consagra a ganadores y perdedores, y que en la capa intermedia exige esfuerzos cada vez mayores a los empleados para mantenerse dentro del sistema productivo, incluso sacrificando parte de su bienestar adquirido.

Sin duda, la actual terciarización del trabajo, en el marco de la Tercera Revolución Industrial (la de la sociedad de la información), conduce a una creciente estratificación. Así lo entienden los sociólogos franceses Pierre Rosanvallon y Jean-Paul Fitoussi: "La terciarización [...]

---

21. Véase Tapia González, Bernice, "¿El fin del trabajo?...", ob. cit. También Rifkin, Jeremy, *El fin del trabajo, nuevas tecnologías contra puestos de trabajo: el nacimiento de una nueva era* (traducción: Guillermo Sánchez), Paidós, Buenos Aires, 5ª reimpresión, 1999.

22. Véase Rifkin, Jeremy, *El fin del trabajo...*, ob. cit., págs. 209-210 y 249-253.

descompone la secuencia de producción del valor en una multitud de compartimentos [...] correlativamente, la terciarización escalona a los individuos en función de su capacidad de agregar efectivamente 'algo más' en la cadena del valor. Valoriza por consiguiente la calificación y la competencia, y desvaloriza el trabajo no calificado. Valoriza la inteligencia y la autonomía de la persona y condena a las 'changas' a los trabajadores cuya trayectoria los hace incapaces de demostrar que tienen las calificaciones o la autonomía necesaria para hacerse cargo de problemas complejos".[23] Esta "terciarización" en la sociedad de la información genera ya una mayor brecha entre integrados y excluidos, que, en el caso de Estados Unidos, se manifiesta como distancia salarial creciente entre trabajadores "de conocimiento" y trabajadores no especializados; o, como en el caso de los países europeos, como incremento de desocupados "no reciclables" *versus* empleos destinados a los nuevos profesionales de la información. Como lo advierte Daniel Cohen, "en los Estados Unidos el salario de los trabajadores menos especializados bajó en el 30 %, mientras que en Francia el porcentaje de desempleo de los trabajadores sin especialización aumentaba espectacularmente, pasando de menos del 3% en 1970 a cerca del 20% en 1990, manteniéndose más o menos estable para los obreros especializados".[24]

Como bien señala Robert Kurz, por primera vez desde los orígenes del capitalismo industrial, *la capacidad de racionalización supera la capacidad de expansión.*[25] En

23. Fitoussi, Jean-Paul y Rosanvallon, Pierre, *La nueva era de las desigualdades* (traducción: Horacio Pons), Manantial, Buenos Aires, 1997, pág. 154.

24. Cohen, Daniel, *Riqueza del mundo, pobreza de las naciones* (traducción: Sandra Garzonio), Fondo de Cultura Económica, México, 1998, pág. 58.

25. Véase Kurz, Robert, "La torpeza del capitalismo", *Leviatán*, n° 67, pág. 21.

otras palabras, una nueva tecnología es capaz de econo-
mizar más trabajo, en términos absolutos, que el necesario para la expansión de los mercados de productos.
No hay, como efecto del nuevo ámbito productivo, una
capacidad de crear empleos que pueda compensar me-
dianamente la supresión de empleos por efecto del nuevo patrón tecnológico. El desempleo tecnológico que a
comienzos de la Revolución Industrial dejó a tantos artesanos sin puestos de trabajo, hoy retorna de manera
holística, permeando todas las ramas de producción en
todo el planeta. Advierte Rifkin que esta Tercera Revolución Industrial ya tiene un impacto significativo en la
reorganización de la producción y de la sociedad: "Los
robots controlados numéricamente y los ordenadores y
sus avanzados *softwares* están invadiendo las últimas esferas humanas disponibles: el reino de la mente. Adecua-
damente programadas, estas nuevas 'máquinas pensante-
s' son capaces de realizar funciones conceptuales, de
gestión y administrativas y de coordinar el flujo de producción, desde la propia extracción de materias primas
hasta el marketing y la distribución de servicios y productos acabados".[26]

Con elocuentes datos, Rifkin muestra que este proceso, a medida que se extiende, expulsa enormes contingentes de trabajadores del sector que previamente había ab-
sorbido la población expulsada de la mecanización rural
y la automatización fabril: el sector de servicios. El problema es que no hay relevo: el nuevo sector, el llamado
"sector del conocimiento", es sólo para las nuevas élites de
alta formación técnica, intensivo en tecnología y "cere-
bros", no en fuerza de trabajo. La racionalización productiva avanza de manera inflexible, respondiendo a la enorme
tasa de utilidades que va generando y también a la tenden-

---

26. Rifkin, Jeremy, *El fin del trabajo...*, ob. cit., pág. 86.

cia propia de la globalización competitiva. Y mientras este metabolismo se reproduce sin control, van cayendo hacia los lados millones de trabajadores que en la mitad de la carrera laboral se quedan varados fuera de los nuevos códigos de competencia laboral. La utopía del ocio va deviniendo el infierno del paro. El trabajo presente ya no promete liberarse del trabajo futuro, sino que liquida sin piedad el trabajo pasado.

Pero el pesimismo no es el único punto de vista. También emerge —o persiste bajo otras formas— la utopía en la propuesta europea de reducir el tiempo de trabajo y descentrar "creativamente" la vida cotidiana. Tal parece ser la postura de Gorz, Godino y otros: a cambio de un salario garantizado, flexibilizar el trabajo en cuanto al horario con un mínimo de horas para el conjunto del ciclo vital. O bien una sociedad de pleno empleo donde cada cual acceda al trabajo pero con menos horas y sin deterioro de su bienestar.[27] O bien, como propone Roger Godino, un escenario de trabajo futuro de carácter flexible, creativo, "navegante", que concilie la creatividad del artista con la competitividad del empresario (¿tanta flexibilidad permite la Tercera Revolución Industrial?). Más radical es la posición de Paquot, quien propone que "en esta etapa de desarrollo del capitalismo que registra el crecimiento de la riqueza producida acompañada por un aumento del desempleo, conviene preguntarse sobre la redistribución del trabajo, claro está; pero también y sobre todo sobre su finalidad, su lugar en la existencia de cada uno de nosotros."[28]

Existen, pues, tesituras pesimistas fundadas en los efectos devastadores del desempleo tecnológico y la bre-

---

27. Véase Tapia González, Bernice, "¿El fin del trabajo?...", ob. cit., pág. 58.

28. Paquot, Thierry, "Le devoir de paresse", *Le Monde Diplomatique*, 30/4/1999, pág. 36.

cha de productividad; y posiciones optimistas que enfatizan la mayor flexibilidad en la vida laboral y la disponibilidad de tiempo libre creativo que abren la revolución de la informática y las telecomunicaciones. Entre ambas posiciones, surgen las propuestas de política para mitigar los efectos negativos y potenciar los positivos. En esta línea se inscribe, por ejemplo, Alain Touraine en su priorización del mundo del trabajo. "Lo primero que hay que hacer en materia de política social, dice Touraine, es volver a darles prioridad a los problemas del trabajo. El objetivo central debe ser combinar la flexibilidad creciente de las empresas con la defensa del trabajo, que no puede restringirse a mercancía. Frente al ascenso de ideologías que ven en la flexibilidad de trabajo la condición principal del éxito económico, debemos elaborar una política de trabajo que sea compatible con las nuevas condiciones de la vida económica, con la rapidez de los cambios tecnológicos y la apertura de las economías nacionales al mundo [...] Por cierto, no es fácil definir y aplicar tal política del empleo y el trabajo, pero sería ya muy importante reconocerle prioridad absoluta."[29] La cuestión no es sencilla, y Touraine reconoce la necesidad de generar empleos en los dos extremos, los "empleos McDonalds" y los "empleos Microsoft" —el trabajo en servicios no calificados y en el área del conocimiento y la información—. Esto puede reabsorber a los desempleados, pero es difícil evitar que se consagre la brecha entre trabajadores con distintos niveles de educación y capacitación. De no mediar mecanismos de solidaridad social, plasmados en acuerdos que el Estado social pueda poner en marcha, la brecha tiende inercialmente a ensancharse.

Otra alternativa es la que propone Jeremy Rifkin en

---

29. Touraine, Alain, *Comment sortir du libéralisme?*, Paris, Fayard, 1999, pág. 132.

su citado *best-seller* sobre el fin del trabajo. Lejos de abogar por políticas de empleo en el sector de servicios, la apuesta pasa, en su caso, por promover el trabajo en un sector emergente, de tipo más solidario, más del ámbito de la sociedad que del mercado. Nos referimos a ese sector polimorfo, disperso y reticular compuesto por ONGs (Organizaciones No Gubernamentales), servicios sociales de gobierno, asociaciones de cooperación internacional, redes ciudadanas, etcétera. La utopía "a lo Rifkin" postula que ese vasto tramado de organizaciones comunitarias contrapesaría las fuerzas concentradoras y excluyentes del mercado, promoviendo desde la base una mejor oferta de servicios básicos, coberturas a los desempleados, redes de contención y solidaridad. En una era que Rifkin define como posmercado, tendría que darse una transferencia progresiva desde el sector empresarial al "tercer sector" para fortalecer la infraestructura social y los lazos comunitarios. En este ámbito emergente, el trabajo no tendría por objetivo principal una productividad medida en ganancias y utilidades —ni sería medido en términos de empleo—, sino una función social más solidaria, menos mercantil, y retribuido con criterios más equitativos. Como señalan Fitoussi y Rosanvallon, "se colocaría en primer plano el desarrollo de 'actividades', para no tener que hablar más de la creación de empleos."[30]

Las propuestas para enfrentar la crisis del trabajo están atravesadas por disensos. En la órbita europea, una de las polémicas álgidas gira en torno a la propuesta de ingreso sin empleo. Dado que el desempleo estructural parece ir en aumento y deben fortalecerse mecanismos de solidaridad social para evitar la exclusión y garantizar mayor cohesión, se ha propuesto el ingreso sin empleo. Esta

30. Fitoussi, Jean-Paul y Rosanvallon, Pierre, *La nueva era de las desigualdades*, ob. cit., pág. 183.

idea provoca especial desasosiego entre aquellos que han reivindicado el trabajo como campo de integración y de sentido, y que mantienen la normativa del "pleno empleo" como deber-ser colectivo. Así, por ejemplo, Jean Marc-Ferry afirma enfáticamente que "instaurar la asignación universal es renunciar a crisparse por el tema anacrónico del pleno empleo". Según Fitoussi y Rosanvallon, el problema aquí es que el ideal de autonomía de la persona se sacrifica por formas de asistencialismo, y se consagra una total disociación entre la esfera de la actividad económica y la de la solidaridad. En este sentido, la utopía "a lo Rifkin", del tercer sector como nuevo receptor de empleo, intenta reconciliar el trabajo y la solidaridad, cosa que la propuesta de "ingreso sin empleo" no considera. Una suerte de socialismo comunitario a escala planetaria, que no sustituya el mercado sino que coexista funcionalmente con él, permitiría sortear la maldición del desempleo y la vulnerabilidad de los menos informatizados. La cuestión, por supuesto, es si esta propuesta resulta absolutamente utópica y ajena tanto a las tendencias dominantes del sistema económico como a la viabilidad de expansión del tercer sector.

Otra crítica fuerte al modelo asistencialista del "ingreso sin empleo" liga este modelo a la pérdida de ciudadanía. Una sociedad de ciudadanos, afirma Gorz, requiere de reciprocidad en los aportes, y los derechos individuales están estrechamente ligados a la contribución social que las personas hacen. Esta contribución está centrada en el empleo, vale decir, en transacciones dentro del aparato de producción de la sociedad. El vínculo, pues, entre trabajador y ciudadano, quedaría roto bajo la forma del "ingreso sin empleo". De lo que se trata, entonces, es de no renunciar al deber de trabajar, que atañe a todos los ciudadanos, y de ir avanzando en mayor flexibilidad respecto de los tiempos de trabajo. Pero sí debiera haber "mínimos vitales", vale decir, una cierta cantidad de horas o años que cada cual debe dedicar a su aporte productivo a la sociedad. "La garantía de un ingreso suficiente, afirma Gorz taxativamente, debe seguir ligada al derecho y al deber para cada ciudadano de llevar a cabo una cierta cantidad, no pasible de reducción, de trabajo profesional en el transcurso de un año, un quinquenio o toda la vida. No hay una cosa sin la otra: de mi aceptación de deberes para con la sociedad se derivan sus deberes para conmigo [...] al margen de esto no hay ciudadanía plena. Una asignación que dispense de todo trabajo también dispensa a la sociedad de hacer que cada persona tenga acceso a la plenitud de sus derechos."[31]

En sentido parecido, Rosanvallon propone pasar de la "sociedad de la indemnización" (de asignación universal) a la "sociedad de inserción". No se trata tanto de ligar trabajo y ciudadanía, a la manera de Gorz, sino trabajo y reintegración social. Más aún, el empleo aparece como único campo de intervención estatal para garantizar niveles aceptables de integración social: "El círculo vicioso que hace que la solución del problema (la indemnización del desocupado) contribuya paradójicamente a agravar el mismo problema (la desocupación), sólo puede quebrarse mediante la reintegración de los individuos a la esfera del trabajo. La centralidad de la cuestión del empleo, sin embargo, obedece también a otro factor: el empleo representa el único vector de la exclusión al que puede aplicarse con verdadera eficacia una acción pública".[32]

Rifkin aboga por un tercer sector "intra-societal" pero "meta-mercado". Rosanvallon considera necesario ex-

31. André Gorz, citado por Fitoussi-Rosanvallon, ibídem, págs. 188-189.

32. Rosanvallon, Pierre, *La nueva cuestión social* (traducción: Horacio Pons), Manantial, Buenos Aires, 1995, pág. 125.

plorar una "eventual zona intermedia entre lógica de indemnización y garantía de empleo".[33] Edgar Morin, en
una línea no muy distinta de la de Rifkin, pero con un espíritu más holístico, propone enfrentar la crisis del trabajo mediante una ingeniosa combinación de criterio social
y ecológico: desarrollar empleos rurales, eco-empleos,
empleos de solidaridad y empleos de convivencialidad.[34]
Rifkin rescata la apuesta norteamericana de pasar del
welfare al *workfare*, vale decir, llevar a los desocupados a
trabajos de utilidad social, vale decir, pasar de la asisten-
cia a la utilidad social.[35]

La discusión se abre hacia flancos múltiples. Ante el
"fin del trabajo", muchos se ven tensados en la disyuntiva futura entre masas excluidas *versus* flexibilización laboral con deterioros moderados en el bienestar de los
trabajadores; o entre mayor desempleo *versus* mayor
brecha salarial entre empleados altamente productivos y
trabajadores de baja productividad; o entre empleo de
mercado *versus* trabajo social; o entre más desempleo
versus mayor segmentación entre mercados formales e
informales; o entre más desempleo con indemnización
versus más empleo pero con reducción de jornadas laborales (diarias, semanales, anuales o vitales). También los
desenlaces dependen de grandes opciones de ordenamiento social: mayor competitividad de mercado para
generar más empleo *versus* mayor peso de la solidaridad
intergrupos para apoyar a los excluidos;[36] más apuesta

33. Ibídem, pág. 160.

34. Morin, Edgar, *Pour une politique de civilisation*, citado por Roger Godino, *Les sept piliers de la réforme*, Albin Michel, Paris, 1997, págs. 102-104.

35. Véase Rifkin, Jeremy, *El fin del trabajo...*, ob. cit., págs. 170-173.

36. Rifkin resume el debate entre opción "europea" *versus* opción "norteamericana" como disyuntiva entre competitividad y bienestar ante la crisis del trabajo (véase Rifkin, Jeremy, *El fin del trabajo...*, ob. cit., págs. 241, 264, 269 y 270).

por el trabajo a futuro *versus* un nuevo aprendizaje en el uso del tiempo libre; perseverancia en la centralidad del trabajo *versus* nueva cultura postrabajo; capitalismo hiperproductivo *versus* comunitarismo postindustrial, escenario "distópico" postrabajo *versus* escenario "utópico" posmercado.[37]

Dominique Méda plantea una de las propuestas que mejor resume la era del fin del trabajo. Afirma que hay que "desencantar el trabajo", sustraerle su protagonismo en la vida de las personas y en cómo las personas lo cargan de sentido. *Desencanto* no significa aquí decepción, sino desmitificación del concepto del trabajo. No se trata de hacerlo negativo, sino de restarle esa sobresignificación que la modernidad le ha dado durante más de dos siglos. Según Méda, nos aferramos a la centralidad del trabajo en nuestra vida como si ésa fuese una ley de la naturaleza, cuando tal idea es un invento de la economía política moderna. La cuestión, tras dos siglos en que el trabajo ha sido puesto en el centro de la vida humana, es: "¿Qué representación del trabajo prevalece de entre las recibidas: trabajo-factor de producción, trabajo-libertad creadora, trabajo-empleo como sistema de distribución de riqueza y de colocaciones? [...] Confundimos esencias con fenómenos históricos, fingimos creer que el ejercicio generalizado de una actividad remunerada es una constante humana o que la carencia de trabajo es una suerte de castigo".[38]

Contraria a Gorz y a la larga lista de "trabajólogos" en el pensamiento contemporáneo, Méda aboga por des-

---

37. Esta última idea es de Rifkin, quien propone retomar la centralidad del trabajo en un escenario en que el mercado deja de regular el trabajo, evitando la distopía de la exclusión y promoviendo la utopía del trabajo comunitario.

38. Méda, Dominique, *El trabajo: un valor en peligro de extinción*, ob. cit., págs. 111-112.

centrar y multiplicar las fuentes de sociabilidad —sobre todo, lo que identificamos como fuentes de sociabilidad— y buscar alternativas fuera de aquello que se define estrechamente como "trabajo". El ideal autónomo e integrado del sujeto moderno puede perfectamente pasar por otras actividades, más aún si se estrechan las opciones de empleo y se amplía el campo del entretenimiento, la comunicación y la vida fuera del ámbito estrictamente productivo. "Es una confusión demasiado grave, insiste Méda: se debería dejar de llamar trabajo ese 'no se sabe qué' que presuntamente constituye nuestra esencia y preguntarse más bien qué otros caminos pueden llevar a los individuos hacia la sociabilidad, la utilidad social y la integración, cosas que el trabajo ha podido y puede proporcionar, pero no ya de manera exclusiva. El problema no está en extender la forma del trabajo a más actividades, sino, por el contrario, en reducir el peso del trabajo y permitir que puedan desarrollarse aquellas actividades que sean fuente de autonomía y de cooperación, aun siendo radicalmente ajenas a las lógicas del trabajo. Desencantar el trabajo, descargarlo de las excesivas esperanzas que le fueron confiadas y pasar a considerarlo tal como es, exigiría un cambio radical de las representaciones e incluso del léxico al uso."[39]

Tocamos en este punto el dilema más filosófico a futuro: no ya cómo solucionar la crisis del empleo o la brecha de productividad, sino dónde colocar el valor del trabajo en el orden simbólico de las personas. Si sólo como ejercicio especulativo suponemos que es factible encontrar modos de organización social, aun en un mundo globalizado, donde el desarrollo tecnológico se combina con formas generalizadas de solidaridad social; y que también es factible instituir, sin grandes enfrentamientos políticos

---

39. Ibídem, pág. 238.

ni revoluciones sangrientas, mecanismos de transferencia para garantizar un mínimo de bienestar y flexibilización en las jornadas y estilos de trabajo para que todos contribuyan en alguna medida a la producción de la sociedad: ¿tenemos que seguir cargándole al trabajo el papel central en la integración social, en el desarrollo personal y en la producción de sentido para nuestras vidas? ¿O podemos sentarnos a descansar, no tanto de la actividad misma, sino del peso del concepto?

A MODO DE CONCLUSIÓN

Ambivalencias que van y vienen

En los capítulos precedentes, para seguir el itinerario de la reflexión sobre el trabajo desde la Grecia clásica hasta nuestros días a la luz de los cambios en la estructura misma del trabajo, y exponer las perspectivas de diversas disciplinas, he recurrido con frecuencia a la tensión entre alienación y humanización del trabajo. Esto responde en parte a los sesgos de quien escribe, pero también a que este eje dicotómico constituye un *leitmotiv* en las formas en que el trabajo ha sido pensado. Tal eje se agudiza con la modernidad, sobre todo a partir del momento en que el trabajo rompe los diques de contención propios de las formas comunitarias de producción, aumenta exponencialmente su productividad, y se liga tanto a la marcha de la libertad como a la marcha de la degradación. Fuente simultánea de progreso y de sometimiento, de creatividad y de embotamiento, de oportunidades y de frustraciones, de riqueza y de pobreza: no es de extrañar que el trabajo haya sido pensado durante tanto tiempo en términos oposicionales.

En su desarrollo, el liberalismo y el capitalismo industrial reconocieron al trabajo como entidad de producción *colectiva*, concomitante con el carácter *abstracto* del trabajo en tanto objeto de contrato y medida de valorización de los productos. Importa rescatar aquí que, a partir del capitalismo moderno, el trabajo ya no podrá confundirse ni con la mera actividad privada, ni con la actividad específica del oficio. Su carácter colectivo, jurídico y abstracto, conecta la función del trabajo tanto con la integración social como con la utilidad económica, el derecho y la organización empresarial moderna.[1] La ambivalencia adquiere forma clara: por una parte, el trabajador deviene persona pública y el trabajo se constituye en forma de ciudadanía social, inscrito en el régimen de derechos y deberes regido por su utilidad colectiva y no sólo por su utilidad económica. Por otro lado, la estructura de las relaciones laborales propia de la sociedad salarial sumerge al trabajo en el régimen despersonalizado y en la alienación de la actividad misma.

Además, el trabajo se vuelve decisivo en el imaginario industrial debido a que la modernización lo reconcibió como eje de sentido de la vida personal y social:[2] como principal medio de subsistencia y fin de la acción social, cristalizado en el derecho y el deber de ser trabajador, tener un empleo y ejercer una profesión; como reorganización de la moral pública acorde con la sacralización de la actividad productiva y la anatemización social de la inactividad económica; y como constitución del trabajo en

1. Véase Castell, Robert, *Trabajo y utilidad para el mundo*, citado por Tapia González, Bernice, en "¿El fin del trabajo? Debates desde una mirada moderna, postindustrial y posmoderna", *Revista de Ciencias Sociales*, n° 5, junio de 1998, Universidad de Puerto Rico, págs. 51-69.

2. Ibídem. Véase Blanch, J. M., *Del viejo al nuevo paro: un análisis psicológico y social*, citado por Tapia González, Bernice, "¿El fin del trabajo?...", ob. cit.

factor antropológico fundamental del prestigio profesional y de la identidad psicosocial. Sobre esta base jurídica y organizativa se montó toda la antropología decimonónica que coloca el trabajo en el centro de la naturaleza humana, de la teleología humana (la persona se expresa en sus obras) y de las relaciones sociales: el trabajo constituye nuestra esencia y nuestra condición. De allí surgen hoy las nuevas ambivalencias, a saber, las que tensionan esta centralidad simbólica del trabajo con un mundo en que el trabajo se va haciendo más escaso y discontinuo. Así, "en respuesta a las fracturas que van cuarteando la sociedad pueden oírse los esfuerzos por explicar las anomalías y 'salvar el trabajo'. ¿Por qué? Por miedo a tener que replantearse el concepto mismo de trabajo, por miedo a tener que renunciar a él [...] El trabajo es nuestro hecho social total [...] su eventual desaparición, desde luego no deseada, pondría nuevamente en cuestión el orden que estructura nuestras sociedades".[3] De esta manera la centralidad del trabajo ha ido de la mano de su conflictividad. El trabajo como centro de humanización y como fuente de alienación. Ya en Marx esta dicotomía fue formalizada de manera exhaustiva.

Este modo dicotómico de pensar el trabajo sigue su curso a la vez que muda sus figuras. Si bajo el modelo del industrialismo decimonónico se forjó una ideología crítica según la cual el trabajo aparecía simultáneamente como fuente real de alienación y de desarrollo personal, y si bajo el modelo industrial del siglo XX el trabajo se convirtió al mismo tiempo en el espacio del conflicto social y el de la integración social, hoy día, con la crisis del trabajo, se reivindican los buenos tiempos del pleno empleo sin entrar en demasiadas consideraciones sobre el

---

3. Méda, Dominique, *El trabajo: un valor en peligro de extinción* (traducción: Francisco Ochoa Michelena), Gedisa, Barcelona, 1995, pág. 24.

contenido mismo de esos empleos. El auge de las nuevas tecnologías es simultáneamente reivindicado como la posibilidad de una nueva utopía de trabajos flexibles y ocio creciente; y como la amenaza de una distopía donde se divide el mundo de manera cada vez más tajante entre informatizados y rezagados, entre trabajadores inteligentes y desempleados pauperizados, y entre creativos y excluidos. El trabajo sigue inscrito con marca de hierro en el imaginario del sujeto moderno y en el orden simbólico de la civilización occidental, pero la globalización tecnológica pide cada vez más relativizar la presencia del valor-trabajo tanto en la producción real como en la conciencia de la gente. Curiosa paradoja de las sociedades industrializadas hoy: "la productividad del trabajo ha aumentado considerablemente en el último siglo [...] se produce cada vez más haciendo uso de cada vez menos mano de obra; parece factible que por fin se vaya aliviando el apremio que sobre nosotros ejerce el trabajo y, sin embargo, la respuesta que viene suscitando esta evolución no es sino una larga retahíla de lamentos".[4]

Las nuevas tensiones entre el trabajo y su concepto se montan sobre una historia previa en que por mucho tiempo asistimos al desfase entre el ideal que tenemos del trabajo y sus condiciones efectivas. Ya hace medio siglo se sumaban diferencias contrastantes en el concepto mismo del trabajo, pues la visión instrumental de la economía política y los vestigios aún imperantes del taylorismo resultaban irreconciliables con la visión teológico-humanista de la Iglesia y el concepto de trabajo forjado por los críticos de la alienación, fuesen psicólogos, sociólogos o filósofos. Estas diferencias se metamorfosean en nuevas antípodas que confrontan a los partidarios de la nueva flexibilización laboral con los defensores del derecho al traba-

---

4. Ibídem, pág. 15.

jo; oponen a los utopistas con los distopistas en cuanto al impacto de las nuevas tecnologías en el mercado del trabajo y en la organización del trabajo; tensionan la visión competitiva de la producción que es propia de la globalización hegemónica, *versus* la visión —también propia de una sensibilidad global— que privilegia la calidad de vida, el bienestar psicosocial y la preservación del medio ambiente y la diversidad de culturas. Los paladines del "Crecimiento Cero" de los '70, con sus herederos en las ONGs y la academia crítica, se oponen a los economistas "duros" y los nuevos gurúes de la gestión empresarial. El trabajo, como concepto y como precepto, queda atrapado nuevamente entre fuegos cruzados donde se lo reivindica en su dimensión comunitaria, se lo instrumentaliza en su función competitiva, y se lo atenúa en su peso específico.

No podemos, pues, hablar de un consenso en lo que se refiere a la idea de trabajo hoy día. Tal vez sólo quede por decir que el concepto es síntesis de su propia historia y ha integrado a su cosmovisión y a su sensibilidad sedimentos de distintas épocas. Así, algo hay en nosotros del concepto grecorromano del trabajo, del concepto cristiano, del calvinista, del economicista-hedonista, del concepto crítico nacido de Marx y de aquél elaborado por la psicosociología industrial, de los futurólogos entusiastas y de los apocalípticos. "Para algunos científicos sociales, todavía prevalecen ciertos valores de esta ética (productivista) y el trabajo sigue siendo un recurso material positivo en términos psicológicos y sociales. Otros sostienen que los individuos aún están motivados por el trabajo como producto de un aprendizaje, especialmente el protestante, que lo valora como una necesidad económica así como por la responsabilidad que da a la persona que trabaja. Por el contrario, algunos investigadores entienden que pocos individuos, grupos o sectas actualmente están inspirados en el trabajo por un aprendizaje religioso, especialmente el protestante. Además consideran que las personas están más bien motivadas por una ética: el trabajo es una parte integral de su concepto sobre el propósito de sus vidas y una necesidad económica."[5]

Cierto es, por otro lado, que vivimos una fase de la historia en la que el tiempo se acelera y los cambios se precipitan, lo que nos invita a suponer que nuestra subjetividad cambia a la velocidad en que lo hacen las características del disco duro de la computadora que tenemos enfrente. Si fuera así —y esto pretenden la nueva reingeniería social y los vendedores de la nueva gestión empresarial—, entonces no habría problema: nos adaptamos al trabajo informatizado o al no-trabajo. Pero la presencia tan fuerte del conflicto en torno a las formas que adopta el trabajo y a cómo adecuarlo al ritmo del cambio tecnológico, muestra que la adaptación del concepto a la realidad dista mucho de ser espontánea. Ya en el siglo pasado apareció la idea de que los cambios en la visión de mundo van rezagados respecto de los cambios en las condiciones materiales que nos rodean. Si esto fue percibido así antes de la Segunda Revolución Industrial: ¿de qué magnitud será el rezago al calor de la tercera? Este problema no afecta sólo al trabajo. La emergente sociedad de la información y la globalización comunicacional genera cambios radicales en todos los ámbitos de la vida. Descentra los sujetos, socava la unidad del Estado-Nación, cuestiona radicalmente los modelos de aprendizaje convencional, rompe con la idea de unidad de la conciencia y homogeneidad de la cultura. Y en esta ventolera donde "todo lo sólido se desvanece en el aire", el trabajo es, al mismo tiempo, un puente y un abismo entre la moder-

---

5. Ibídem, pág. 54.

nidad y la posmodernidad. Todo depende, una vez más, de cómo lo pensemos.

Se afirmó a lo largo de este estudio que a partir del proceso de industrialización el trabajo deviene un problema digno de pensarse, vale decir, pasa a ocupar un lugar central en la reflexión colectiva. Atribuimos este fenómeno a que el cambio en el sentido del trabajo a partir de la sociedad industrial, la disolución del horizonte referencial del artesanado de los tradicionales gremios y el proceso de exhaustiva división del trabajo, obligaron a asumir una actitud frente a este nuevo umbral en la historia del trabajo. Habíamos señalado que el concepto de trabajo adquiere relevancia con su negación, es decir: es la conciencia de que el trabajo ha perdido su sentido, el móvil para hacer del trabajo un objeto central de reflexión; y que en el camino hacia la modernidad, el trabajo se transforma tan radicalmente que los conceptos acumulados a su respecto se ven confrontados con realidades inéditas.

Hacia fines del siglo XVIII, coexisten diversas nociones relativas al sentido del trabajo: el concepto cristiano y el concepto calvinista, ambos enraizados en el sentido común de los pueblos; la visión antropocéntrica nacida del Renacimiento y la racionalización del trabajo de la economía política clásica. ¿Cómo fue asimilado el violento cambio en la estructura laboral, consecuencia de la aparición de las fábricas modernas, por pueblos y personas que habían integrado a su noción de trabajo elementos heterogéneos? ¿Hasta qué punto la nueva modalidad del trabajo era incompatible o compatible con la sensibilidad general de la época? ¿Y cómo se intensifican esos hiatos al calor de la Tercera Revolución Industrial y la globalización del nuevo patrón productivo, que llevan al paroxismo la sustitución del trabajo humano por máquinas, abren nuevas posibilidades de trabajo creativo, a la vez que concentran el poder económico e incrementan la exclusión social?

Pero el trabajo no sólo se vuelve crítico por el cambio en su modalidad o por los contrastes entre el concepto de trabajo y los cambios en sus condiciones concretas. También el contraste en el mismo concepto de trabajo contribuye a convertirlo en problema. ¿Cómo compatibilizar el concepto cristiano, centrado en la solidaridad y la caridad, con el mercantilista del Renacimiento, que exalta el lucro personal? ¿Cómo pasar del trabajo como lucro al concepto calvinista que lo considera una gracia, y de éste al concepto de la economía política? ¿Y al de los futurólogos entusiastas? ¿Y al de los humanistas-socialistas? La contradicción se da también en el interior del concepto, donde operan nociones excluyentes que generan una "tensión en la reflexión". De manera que las ambivalencias y asimetrías tocan tanto al trabajo, a la relación entre éste y su concepto, como al concepto mismo de trabajo.

Si hasta los orígenes del capitalismo industrial era pensado de manera tangencial y no ocupaba un lugar de preferencia en la reflexión social, lo cierto es que más tarde el problema pareció invertirse: en el curso del siglo XIX, sobre todo en Europa, devienen tan agudas las contradicciones y ambivalencias en torno al trabajo, que a partir de su reflexión empiezan a tocarse necesariamente otras zonas del pensamiento social: el modelo de sociedad y la definición del ser humano. No es azaroso que el problema sea abordado por un número creciente de disciplinas y corrientes. La acción conjunta de diversas ramas de las ciencias sociales (y de las otras también, pues se habla de "física" del trabajo y de "fisiología" del trabajo) podría contribuir a esclarecer y responder interrogantes aquí planteados. Finalmente, asistimos a una nueva vuelta de tuerca: la difusión global del nuevo patrón tecnológico nos habla del fin del trabajo humano, su pérdida de protagonismo en el ciclo vital de las personas; y dado que la difusión es desigual, enfrentamos una segmentación tan fuerte de niveles de productividad y apropiación tecnológica, que se hace imposible cualquier concepto universal del trabajo humano. ¿Qué tiene que ver el trabajo en una sala de investigación de la Microsoft con el de una comunidad campesina en la India o Bolivia, o el de un microempresario en Ciudad de México?

Surge un nuevo dilema. Tal como lo sugieren los autores revisados en el último capítulo, la revolución tecnológica en la era cibernética genera y augura cambios en la estructura del trabajo cuya profundidad sería aun mayor que la de los cambios inducidos por las revoluciones industriales precedentes. La difusión de computadoras, comunicación a distancia, información ilimitada y robots en la estructura productiva y en sectores cada vez más amplios de servicios, no es una utopía sino una realidad que avanza de manera vertiginosa. Simultáneamente, el desarrollo multiplicado en la red de comunicaciones y transportes a escala mundial, así como el ritmo propio de la competitividad económica, hacen que el tiempo transcurrido entre el progreso tecnológico y su aplicación masiva en la producción sea reducido al mínimo. La Primera Revolución Industrial tardó dos siglos en cambiar la faz del trabajo, pero a la revolución de la cibernética le llevó veinte años. Además, hoy día la frontera tecnológica cambia también a una velocidad mucho mayor, y por lo tanto se reproduce, aunque en tiempo comprimido, la heterogeneidad en la incorporación del progreso técnico al mundo del trabajo. Los abismos no son sólo entre el arado y la fábrica de automóviles, sino entre computadoras y *softwares* de las distintas generaciones que se relevan de un año al siguiente. Esto torna más aguda la asimetría entre el concepto y el mundo, o entre los ritmos en que se modifican las percepciones y los que registran los cambios en los instrumentos de trabajo.

Por otro lado, muchos consideran que la computarización de la producción y de algunos servicios es una amenaza de mayor desempleo estructural. Ante este temor, una pregunta que ya no es nueva sale al paso: ¿estamos preparados para vivir un mundo donde sea más probable consagrar más horas al ocio que al trabajo? Recordemos que no sólo motivaciones dinerarias están en juego, y que el peso de la tradición calvinista y del sentido que la tradición cristiana y el antropocentrismo de la modernidad adquieren en la significación del trabajo es considerable. En otro extremo, algunos autores actuales afirman, sea de modo eufórico o apocalíptico, que el trabajo ha dejado de cumplir las funciones propias que asumió en la modernidad —medio de socialización y realización personal—, sobre todo dada la escasez de trabajo productivo. En este contexto, "la ideología del trabajo está comenzando a desaparecer, según se refleja en el rechazo del trabajo por parte de los jóvenes" y empieza a insinuarse "un imaginario del postrabajo".[6] Esto contrasta con la percepción de los millones de desocupados de mediana edad marginados por la automatización e informatización de los procesos productivos, o que aceptan con impotencia el criterio utilitario de las empresas en la reingeniería laboral. Porque "la muerte de la masa laboral global es interiorizada por millones de trabajadores que experimentan sus propias muertes individuales, a diario, en manos de patrones cuyo único objetivo es el beneficio de sus empresas a cualquier precio, y frente a unos gobiernos desinteresados. Son los que esperan el despido y se

6. Tapia González, Bernice, "¿El fin del trabajo?...", ob. cit., pág. 55.

ven forzados a aceptar trabajo a tiempo parcial con reducciones en los niveles salariales o a vivir de la beneficencia [...] se convierten en elementos sustituibles, después en innecesarios y finalmente en invisibles en el nuevo mundo tecnológico caracterizado por el comercio y los negocios de ámbito global".[7]

Por otra parte, en los países de la periferia las consecuencias del impacto tecnológico que irradia el mundo industrializado agudizan fenómenos tales como la heterogeneidad estructural, la brecha entre globalizados y excluidos, y suma —al subempleo del subdesarrollo— el desempleo del nuevo patrón de desarrollo. La falta de un Estado de Bienestar o de una estructura productiva moderna en los países en desarrollo, hace que su ingreso al concierto global y de economías abiertas se lleve a cabo con una tremenda vulnerabilidad, que toca sobre todo a las grandes masas de trabajadores de baja especialización. Curiosa paradoja: en naciones donde el concepto moderno de trabajo recién se consolida o ha tomado tanto tiempo en asentarse, irrumpen las nuevas formas de flexibilización y sustitución del trabajo que requieren "posmodernizar" el concepto.

Pero también se ha dicho que el impacto tecnológico, tanto de la automatización como de la computarización, no sólo es una amenaza sino también una promesa, y de allí que referirnos a dicho impacto obliga a pensarlo de manera ambivalente. Los más optimistas entre los futurólogos anuncian ese "reino de la libertad" que Marx veía en la sociedad comunista, pero sin pasar por la revolución social ni por la dictadura del proletariado. Según ellos, el mismo curso de la tecnificación del trabajo

---

7. Rifkin, Jeremy, *El fin del trabajo, nuevas tecnologías contra puestos de trabajo: el nacimiento de una nueva era* (traducción: Guillermo Sánchez), Paidós, 5ª reimpresión, Buenos Aires, 1999, pág. 236.

torna obsoleto el esquema de transformaciones que Marx consideraba indispensables para liberar el trabajo humano. Sus profecías coinciden en anunciar, para un futuro nada lejano, una salida más cercana a la socialdemocracia europea (la Tercera Vía de Blair y Schroeder), o bien un giro hacia el sector solidario de la economía (como lo propone Rifkin).

Allí se combinarían reducciones sustanciales en las jornadas de trabajo sin merma grave en los ingresos, flexibilización de jornadas, actualización permanente de destrezas, solidaridad social con los desempleados, ocupación del tiempo libre en asociaciones y redes de la sociedad civil; y con un Estado que, encontrando el punto justo entre las bondades del mercado y las necesidades de regulación, garantiza a la población un nivel de vida aceptable y un manejo armonioso de los grandes equilibrios económicos. La utopía tecnológica rompe, pues, con la visión de psicólogos y sociólogos del trabajo, como también con el mandato bíblico según el cual debemos ganarnos el pan con el sudor de la frente. El ocio, tal como lo imaginan los futurólogos más optimistas, es más un espacio de plenitud que de conflictos.

De lo que se trata entonces es de un nuevo pacto social en el mundo industrializado que desplace el interés general desde la ganancia empresarial hacia una vida en que se trabaje menos y se viva mejor. Vuelve, una vez más, la utopía de la modernidad: "El propio interés económico de las empresas conduce al absurdo. Ya es hora, después de doscientos años de la era moderna, que el aumento de la productividad sirva para trabajar menos y vivir mejor".[8] En un desafiante artículo recién publicado, Thierry Paquot defiende el deber de la pereza, afirma que el ocio

---

8. Kurz, Robert, "La torpeza del capitalismo", *Leviatán*, n° 67, Madrid, pág. 21.

debe ser rescatado de la visión peyorativa impuesta por la religión y la cultura del trabajo, para colocarlo en el lugar del desarrollo personal. El ocio es, para Paquot, la base de una utopía moderna, sistemáticamente pospuesta por una modernidad que a su vez opera también con la cultura del trabajo: "reivindicar el uso del tiempo propio —reclama Paquot—, a nuestro propio ritmo, según nuestro placer, he allí un arte de vivir, a la vez autónomo y respetuoso de los demás".[9]

Paradójicamente, la propuesta de un mundo postrabajo se formula en momentos en que los gobiernos emprenden esfuerzos desesperados por salvar el trabajo. Según Méda, este esfuerzo resulta anacrónico (al menos en el mundo industrializado) y en lugar de ello se debería concordar en un nuevo pacto social más pro utópico, justificado por los aumentos de la productividad: "en lugar de tomar nota de este aumento de la productividad y de adecuar las estructuras sociales a las oportunidades que ofrece, nos empeñamos en conservar aquello que en los años '70 se denunció —con la fórmula: el trabajo significa 'perder la vida ganándosela'— como el colmo de la alienación. Este desfase entre los profundos anhelos a prescindir del trabajo y la efectiva respuesta política y social debe suscitar la reflexión".[10]

En estas reflexiones se vislumbra, sin embargo, una parcialización en la que el mundo en vías de desarrollo pareciera quedar al margen, al menos por un lapso bastante prolongado. Los problemas inmediatos que enfrenta el mundo del trabajo en América latina, por ejemplo, no son precisamente la programación del ocio, sino los

---

9. Paquot, Thierry, "Le devoir de paresse", *Le Monde Diplomatique*, 30/4/1999, pág. 36.

10. Méda, Dominique, *El trabajo: un valor en peligro de extinción*, ob. cit., pág. 16.

altos índices de subempleo y desempleo, la expansión de
la informalidad laboral y su estrecha relación con la reproducción de la pobreza, la vulnerabilidad social ante
los ciclos internacionales del capitalismo financiero, el
tremendo rezago en la incorporación de progreso técnico al trabajo, el atraso en educación y en investigación
tecnológica, y una cultura política donde la democracia y
la solidaridad social son todavía valores embrionarios.

Al preguntarnos por el concepto de trabajo vigente,
hemos sostenido que no hay definiciones únicas. Habitamos un mundo de ambivalencias: un mundo unificado
por los medios de comunicación y por la técnica, pero
más diversificado que nunca en lo que se refiere a culturas. El trabajo no es ajeno a esta paradoja: estandarizado
por la técnica y la internalización creciente de la economía globalizada, adopta múltiples formas en su aspecto
social y en los modos en que asimila el impacto tecnológico. Si, por un lado, las nuevas formas de producir y de
trabajar se difunden rápidamente por todo el mundo, por
otro lado esas mismas nuevas formas contienen la semi-
lla de su propia flexibilización. Se dice de esta nueva Revolución Industrial que es más flexible, adaptable y asi-
milable que las precedentes. Así, la estandarización va de
la mano de la diferenciación. Por lo mismo, la reflexión
en torno del trabajo debe situarse a la vez en esa estandarización y en esta diferenciación, entre la uniformidad y
la multiplicidad.

Dijimos al comienzo que la reflexión específica sobre
el trabajo comienza con tres fenómenos concomitantes:
la liberalización del trabajo en la vida moderna, la Revolución Industrial y la economía política clásica: tres ins-
tancias en que el trabajo adquiere un rango crítico. Pero
este carácter crítico no es un mero efecto de la deshumanización, masificación o cosificación del trabajo. Es la

ambigüedad lo que lo hace crítico: en los hechos, máxima socialización del trabajo y máxima atomización, máxima libertad y máxima inseguridad, máximo protagonismo y máxima instrumentalización. Nunca antes tantas personas habían participado en un mismo lugar físico y en la confección de un mismo producto. Pero la fábrica moderna, a la vez que socializó el trabajo, lo atomizó. Nunca antes la actividad de trabajo de cada persona había sido tan específica, parcelaria y desligada de la configuración total del producto del trabajo; pero, a la vez, nunca antes fue tan agenciada y productiva. Tendencias aparentemente irreconciliables, como segregación y unificación, como autonomía y vulnerabilidad, aparecieron reunidas bajo el fenómeno del trabajo moderno. Pero la ambigüedad no sólo tocó a los hechos, sino también a la teoría, donde el trabajo fue simultáneamente pensado y cosificado. Adam Smith reivindicó el trabajo como agente principal de la producción y el crecimiento económico, pero lo redujo a la vez a denominador común del valor de las cosas, es decir, a valor de cambio y a mercancía. Es esta ambigüedad en los hechos y en la reflexión sobre ellos el punto de partida, la potencialidad y el límite de la filosofía del trabajo.

Los pensadores "humanistas" la han emprendido siempre contra la situación del trabajo y el valor a él asignado por la economía política. Filósofos, teólogos, sociólogos y psicólogos se han unido en la condena, rescatando un lado de la ambigüedad, condenando el otro y proponiendo cambios sociales significativos que pudieran conjurar el genio maligno de la industrialización y desatar todo el potencial implícito en la relación entre el ser humano y la técnica. Con frecuencia han incurrido en un maniqueísmo que quizá tampoco hemos soslayado en este estudio, y curiosamente más de uno ha terminado por proponer como modelo el arquetipo del artesano medieval y el gremio de los burgos de antaño. Pero la futurología del trabajo y las actuales tendencias nos muestran que todo esfuerzo por rescatar la paradigmática figura del artesano medieval, y el modelo del trabajo en pequeñas comunidades cerradas, difícilmente puede predicarse hoy universalmente.

Los fenómenos que dan origen a la reflexión moderna del trabajo se ven hoy rebasados: tanto la industria moderna (la fábrica como unidad productiva), como la economía política clásica (donde el trabajo es factor principal de producción) pierden día a día su centralidad. El trabajo se desmasifica en cuanto a unidades productivas, la división del trabajo deja su carácter mecanicista y cada vez más se habla, en su lugar, de deslocalización de procesos, producción de partes y *softwares*, trabajo de grupo, rotación de labores, gestión compartida, etcétera. La autonomía del trabajador encuentra a la vez su apogeo y su negación total: por una parte, la imagen del experto en *softwares*, joven y exitoso, que decide sobre su horario y estilo de trabajo; por otra parte, los millones de trabajadores cuyo destino depende de operaciones a distancia que ellos no conocen y que forman parte de un orden global plagado de interdependencias. En la teoría, las propuestas de la ingeniería social y de la gestión empresarial apuntan cada vez más al intento, tal vez utópico, de conciliar la competitividad con la creatividad. La informatización de los servicios deja a una gran cantidad de población activa al borde del desempleo, sin un nuevo sector que aparezca como potencial receptáculo de los marginados por la Tercera Revolución Industrial. Y sin embargo, el trabajo sigue siendo pensado, reivindicado, cuestionado, sentido como necesidad vital o como mal necesario, y no es fácil que la conciencia de las personas transite desde esta centralidad del valor trabajo a su relativización. Es elocuente el testimonio de un hombre de cuarenta y siete años, actual desempleado y ex gerente de una pequeña empresa: "Existen tan sólo dos mundos: o bien se trabaja cada día en una jornada laboral normal de nueve de la mañana a cinco de la tarde con un par de semanas de vacaciones, o estás muerto. No existen situaciones intermedias [...] trabajar es respirar [...] cuando te paras, mueres".[11]

Final abierto y poblado de preguntas

No es mi intención llegar a conclusiones o corolarios; sobre todo, porque el *leitmotiv* que recorre estas páginas es el juego de ambivalencias y la diversidad de contenidos que ha suscitado el concepto de trabajo. Lo que se ha querido, además de reflejar esta complejidad, es ofrecer un material de reflexión destinado más a repensar y reformular algunas preguntas esenciales respecto del problema del trabajo en la actualidad que a brindar respuestas universales. La misma ambigüedad en la que tanto hemos insistido respecto de la temática aquí tratada, hace que nuestro punto de llegada sea más bien un punto de partida para interrogarnos sobre viejos supuestos, verdades menos sólidas de lo que creíamos y principios cuyo cuestionamiento, aunque incómodo, puede arrojar nueva luz sobre el concepto del trabajo.

Es de esperar que la sistematización que aquí se ha formulado pueda servir como referencia —una entre muchas— a quienes se ocupan del concepto y problema del trabajo en ámbitos más contingentes y específicos. En distintos medios se demanda una visión panorámica del concepto y el problema del trabajo. En el medio univer-

---

11. Citado por Rifkin, Jeremy, *El fin del trabajo...*, ob. cit., pág. 234.

sitario, esto ocurre en cátedras que se ocupan de campos tales como psicología del trabajo, teoría de las organizaciones, sociología laboral, economía del trabajo y ética empresarial. En la política, el reclamo surge de quienes se ocupan de políticas de empleo, programas de capacitación, reformas de la legislación laboral, educación técnico-profesional, articulación entre educación formal y mercado laboral, gestión del desarrollo local, promoción de la comunidad, y otros. En el campo de la acción social, son las ONGs dedicadas al tema del trabajo y la autogestión, las asesorías a empresas y a comunidades locales, las instituciones de Iglesia y los más variados grupos de reflexión los que plantean esa necesidad. El presente libro surgió precisamente con la idea de aportar al acopio de literatura que pueda responder a esta vasta gama de demandas. De allí que se ha querido combinar una perspectiva macrohistórica con otra multidisciplinaria, y finalmente concluir con una problematización general del trabajo en el mundo contemporáneo. Esto último, siguiendo y resumiendo el debate en boga.

Tanto el enfoque histórico como el multidisciplinario, y también el debate reciente y candente sobre el fin del trabajo, nos devuelven a preguntas que recorren subliminal o explícitamente el texto que aquí termina: ¿es pensable un orden societal donde el trabajo sea mayoritariamente una fuente de emancipación colectiva y gratificación personal? ¿Hay modos de recrear la historia, y sobre todo de apropiarse del desarrollo tecnológico, que permitan crear los necesarios puestos de trabajo para las generaciones futuras y, al mismo tiempo, garantizar el progreso social? ¿Cómo transitar, con el menor costo social y psicológico, el camino que lleva del modelo del pleno empleo al de la mayor flexibilidad laboral? El actual modelo globalizado de mercados abiertos, mayor presencia del sector privado en la producción, mayor competitividad por vía de la apropiación tecnológica y la reingeniería empresarial, y más restricción de los mercados laborales, ¿constituye un impulso o una traba para mejores condiciones del trabajo y para dotar de mayor sentido a las actividades productivas en quienes se desempeñan en ellas? ¿Asistiremos a una vuelta de tuerca y volveremos a plantearnos modos más colectivos de decidir sobre cómo se trabaja, cómo se premia el trabajo, cómo se compensa a los que no pueden trabajar, cómo se difunden nuevos avances tecnológicos en la producción?

Y respecto del concepto mismo: ¿tiene sentido plantearse un *concepto único* de trabajo, en una época marcada por la velocidad de los cambios tecnológicos, la heterogeneidad en las formas de producir y generar ingresos, y los contrastes económicos y sociales *en* los países y *entre* los países? ¿Cómo operar subjetivamente en una fase histórica de restricción del trabajo humano, si el sujeto histórico se maneja con una alta valoración ética e ideológica del trabajo? ¿Cómo tender un puente desde la centralidad del trabajo en el imaginario colectivo, hacia una valoración más atenuada y relativista? ¿Tendremos que dotar a nuestra vida de sentido desde otros ámbitos como son el ocio, el consumo cultural, la contemplación, la recreación, el aprendizaje, la comunicación, la participación en distintas redes comunitarias y societales? ¿Podemos echar mano de distintos hitos históricos y multidisciplinarios del concepto que puedan hoy ser útiles para rearmarlo, según lo van reclamando nuestras posibilidades y frustraciones en el campo laboral?

¿Qué reconocemos, en nuestra vivencia y en nuestro concepto del trabajo, de sedimentos culturales y axiológicos que Occidente incorporó en distintos estadios de su historia? ¿Cómo nos afecta personalmente el problema de la alienación del trabajo y cómo vemos un posible futuro donde el ocio —o el desempleo— ocupe gran parte de nuestro tiempo? ¿Cabe asignarle al trabajo el carácter de *actividad esencial* en nuestra vida? ¿Constituye el trabajo una *actividad determinante* en el conjunto de nuestras relaciones sociales, nuestra sensibilidad, nuestros conflictos afectivos y nuestras expectativas? La ambigüedad en el concepto y en la situación del trabajo ¿es problemática o es, más bien, lo que permite una mayor flexibilidad para adaptarse a cambiantes modalidades técnicas y sociales en la realidad laboral?

Y, en definitiva, ¿es posible, acaso, liberar el trabajo mediante un cambio social profundo o una revolución tecnológica difundida? ¿Cuánto hay de mitología en el mandato divino según el cual deberemos ganarnos el pan con el sudor de la frente, por los siglos de los siglos?